课外语文

应用系列

王毅

主编

唐诗在作文中的应用

何明 曹阳◎著

辽宁人民出版社

图书在版编目（CIP）数据

唐诗在作文中的应用 / 何明，曹阳著. —沈阳：辽宁人民出版社，2018.9（2021.5重印）
（课外语文应用系列 / 王毅主编）
ISBN 978-7-205-09358-7

Ⅰ. ①唐…　Ⅱ. ①何…　②曹…　Ⅲ. ①作文课—中学—教学参考资料　Ⅳ. ①G634.343

中国版本图书馆CIP数据核字（2018）第173987号

出版发行：辽宁人民出版社
地址：沈阳市和平区十一纬路25号　邮编：110003
电话：024-23284321（邮　购）　024-23284324（发行部）
传真：024-23284191（发行部）　024-23284304（办公室）
http://www.lnpph.com.cn
印　　刷：辽宁新华印务有限公司
幅面尺寸：145mm×210mm
印　　张：9.5
字　　数：203千字
出版时间：2018年9月第1版
印刷时间：2021年5月第4次印刷
责任编辑：张　放　娄　瓴　高　丹
装帧设计：丁末末
责任校对：赵　晓
书　　号：ISBN 978-7-205-09358-7

定　　价：28.00元

再版说明

近几年，中小学语文教学改革呼声很高，2017年9月起，中小学语文教材发生了重大变化。新教材加大了传统文化内容，目标是培养学生阅读兴趣，力求提升学生语文素养。

辽宁人民出版社于2002年出版的“课外语文应用系列”丛书可以说预测了这种变化，早于十几年前就开始关注学生阅读兴趣与语文素养的培养。丛书出版16年来颇受小读者喜爱。为更符合新语文教材的培养目标，针对中学语文作文这一难点，丛书作者对书的内容作了修订，以使得这套以“语文的功夫在课外”为出版理念的中学生写作应用丛书更符合未来发展的需要。现择其中的10个品种推出。

本套丛书共10本，重点在“课外”和“应用”。其中的《宋词在作文中的应用》《古诗在作文中的应用》《唐诗在作文中的应用》《文言文在作文中的应用》等国学经典应用品种将赏析寓于应用，助小读者爱上国学、应用国学；《精彩人物描写在作文中的借鉴》《精彩景物描写在作文中的借鉴》《精彩心理描写在作文中的借鉴》《精彩议论在作文中的借鉴》《现代诗歌在作文中的应用》《名人名言在作文中的应用》等写作方法借鉴品种则是通过对名家名著的精彩文章片段的引用和点评来提升中学生的审美品位，进而形成写作直觉。

对于中学生作文来说，如何想、如何写、如何生动、如何感人——如丛书主编王毅教授所言：这一切在根本上是一个长期修炼的事情。所以，有心的小读者可将这套书当作阅读索引，循着这条线索，去发现一片阅读的森林，通过阅读，提升自己的写作水平。

时光荏苒，匆匆16年。当年的总策划赵炬先生和责任编辑之一王瑛玮女士已退休，但我们初心不变，愿以微薄之力助小读者们笔下生花！

再版序

转眼之间，这套丛书初版竟是16年前，如今有了再版的社会需要，令人感慨而高兴。

当年，组织这套书的撰写，我们就有一个基本的想法：从根本上讲，作文是一个人综合素质和能力的体现，从容而又自信地写出一篇自己满意、别人欣赏的好文章，这是积累、发展、逐渐成熟的水到渠成、瓜熟蒂落。然而，在这个自然过程中，能否有意识地增加一些助力？能否较具操作性、指导性和实用性地去滋养和提高中学生的作文素养？

2017年新版的国家语文课程标准强调语文学科的“核心素养”，它作为“学生在积极的语言实践活动中积累与构建起来，并在真实的语言运用情境中表现出来的语言能力及其品质，是学生在语文学习中获得的语言知识与语言能力，思维方法与思维品质，情感、态度与价值观的综合体现”，包括“语言建构与运用”“思维发展与提升”等几个方面。

对照之下，“选择从思路、角度、技巧、语言、风格等方面对中学生作文有较大启发空间的材料，密切结合中学生作文所需要的精神、思考、气质、语言、表达技巧等基本因素，从这个角度把所选的文化遗产中的营养和启发说出来，把写作所需要的思维和灵性说出来”，“分析和阐释这些文化珍品形成的思路、表达的技巧、风格的突出、语言的质量，分析那些作家、思想家从什么角度来理解人生、评说人生，如何独特地、富有感染力地表达自己这种理解和评说的，中学生在自己的作文中可以怎样借鉴应用，起到素质培养和具体启发兼有的作用”，本套丛书的宗旨倒是与此吻合。

语文的重要性、体现语文素养的作文之重要性，今天终于得到了它应该得到的重视。2012年至2014年，在各省区统一采用全国试卷之前，我曾连续三年担任辽宁省高考语文命题组组长，推敲拟定作文题目时，如何激活与考查考生的读书积累、思维素质和语言表达，是反复斟酌、思考再三、最费脑筋的。现在，不仅仅是各类考试中“得作文者得天下”，而且在信息海量涌现、自媒体蜂起、人们用语言文字进行表达和交流空前活跃的这个时代，必然是质高者胜出，平庸者湮没。

“语言建构与运用”“思维发展与提升”“审美鉴赏与创造”“文化传承与理解”，希望这套丛书能对中学生的“语文核心素养”起到一点作用。

王　毅

2018年5月于南国

写在前面的话

中学生的作文，老师非常强调，社会非常重视，其重要性鲜明地体现在中考、高考等各种考试之中。想一想，这当然是有道理的。从小学到高中，学了十几年的语文，无论是学生自己还是社会的期待，一般都不会要求你去孤立地分析、讲解字、词，或者是做语法分析，要的是你整体性地、综合性地使用语言文字的能力，这除了口头表达以外，在课堂上、在考场上、在实际生活中，很多时候就是看你的文章写作了。而文章写作对于中学生来讲，似乎又呈现着两种截然相反的状态。

对于为数不多的一些中学生来说，写作文并不是难受的事情，尤其是那种自己想写的“课外作文”，它是快乐，是享受，是一种自我实现、自我满足和自我升华。这大约就是真正意义上的作文了，与文学家们的文学创作相比，在本质意义上已经开始相通了。用纸和笔，把自己想说的话说出来，甚至是把自己脑海里、心灵中此刻并不那么清晰定型的感受和思绪整理出来，固定下来，越是去整理它、固定它，就越会发现自己的感受竟是如此丰富、细腻、微妙，自己的思绪是如此复杂，起伏变化，直通向一个令自己也吃惊的深处！诚如作家冯骥才所言，这在本质上真是一种生命转换的过程，即把最深刻的生命——心灵，有姿有态、活生生地呈现出来。这过程是宣泄，是倾诉，是絮语，是呼喊，又是多么快意的创造！对于一些现在已经在写长篇小说、在出诗集的中学生来说，他们已经进入这种境界了。

然而，对于更多的中学生来说，作文却是苦差事，是不得不做，所以只好敷衍了事的事情。其实，很多时候，语文老师在布置作文题时，为了让同学们有话可说，不至于太搜肠刮肚，给的已经是相当宽泛灵活的题目了，如“记一件有意义的事”“写一个熟悉的人”“自己去过的一个好玩的地方”“一本书的读后感”等。可是，有多少同学，面对这样的题目，仍然觉得脑中空空，束手无策，无话可说，或者是无从说起，仍然是件皱着眉头、烦得不得了的苦事。

关于作文，中国古人讲过的最经典的话，恐怕就是“有大法，无定法”“运用之妙，存乎一心”了。这话等于没说，但又是句大实话，一切总结出来的作文套路在根本上都是不解决具体问题的。这就正像所有兵书上的战法不能够保证一位将军去打胜仗，纸上谈兵的话，还要吃大败仗；也如同现在那些著名股评家建议的操作要诀，决不能保证每一位股民照此办理就笃定赢钱。仔细想一想，人生中的方方面面，恐怕没有什么是可以依赖“定法”的。前几天，中央电视台报道，说有人搞出了快速生成一篇文章的作文电脑软件，只要你输入自己要写的题材、主题、文体或者是别的什么要素，这个软件就可以飞快地从它的语料库中合成出一篇文章来。电脑当然是很了不起的东西，它依据人所提供的逻辑，靠着它自身快得惊人的资料整理和排列速度，的确可以在几百万、几千万甚至几亿、几十亿的文字中快速地找出与你这篇文章要求相关的材料来，这些材料，如果靠你自己去读、去找、去记的话，可能需要一个月，或者是一年；它还可以按照人所安排的某一角度的理性逻辑，把这些材料整合为有头、有尾、有中间的一篇文章。不过，这到底是由人的心灵涌出、情感发酵而成的文章呢，还是同一个题目、千篇一律的资料汇编和整理呢？作文，在观察生活、积累素材、发展思想、沉淀情感的基础上，在具体写作时，说到底是一个“想”和“说”的质量问题：如何想得清楚、想得透彻、想得独到、想得灵动，想到栩栩如生、诚挚感人的程度；如何能够把所想到的这一切说得明白、生动、到位，甚至在“说”的过程中补充和发展了“想”。这一切在根本上是一个长期修炼的事情。

然而，“有大法，无定法”“运用之妙，存乎一心”，并不意味着我们作文水平的提高就完全只能是一个自然过程。中外文学史上、思想史上那些已有定评的优秀文化资源，它们的存在，对它们的熟悉和领悟，进行必要的分析阐释，无疑会对中学生作文过程的“想”与“说”起到激活和引导的作用，辽宁人民出版社组织编写的这套丛书，用意就在这里。唐诗、宋词、古典诗歌、现代诗歌、古典格言、优秀文章中的议论说理、感情抒发，以及优秀文学作品中的景物描写、人物描写、心理描写，一共10种，构成了这套丛书的材料篇；除此而外，还有关于作文构思和技法的两种书，构成了这套丛书独具特色的构思篇和技法篇，使这套作文系列具有极强的知识系统性、实用性和指导性。这里需要强调的是：

本套丛书并不是一般性地谈论这些文化资源本身的内容和意义——尽管这一层也很重要，而是充分考虑中学生作文水平的切实提高，更注重分析和阐释这些文化珍品形成的思路、表达的技巧、风格的突出、语言的质量，同老师一道分析那些作家、思想家是从什么角度来理解人生、评说人生，是如何独特地、富有感染力地表达自己这种理解和评说的，中学生在自己的作文中可以怎样借鉴应用。这对中学生作文将起到素质培养和具体启发两个方面的作用。选择从思路、角度、技巧、语言、风格等方面对中学生作文有较大启发空间的材料，密切结合中学生作文所需要的精神、思考、气质、语言、表达技巧等基本因素，从这个角度把所选的文化遗产中的营养和启发说出来，把写作所需要的思维和灵性说出来，这就是本套丛书想要达到的目的。再换句话来说，它不重在那些大师（或者名作）想了些什么或者是说了些什么，而重在他们（它们）是怎样去想、如何来说的，我们希望这会对中学生的作文有更为切实的帮助。

想法听起来似乎还可以，但实际效果如何呢？在作文水平的提高上做一些操作性、步骤性的事情，这常常费力不讨好，而且很冒险，往往为那些妙笔生花的文章高手和文学家所笑。但我们考虑得更多的是中学生。我们期待着来自中学生和中学语文老师，还有专家的中肯批评。

目录

MULU

爱国与忧民

理想与情操

学习与进步

做人修养

难忘真情

人物塑造

写景抒情

议论方法

修辞技巧

语言与用典

开头与结尾

构思与立意

线索与情节

爱国与忧民

KEWAI YUWEN YINGYONG XILIE

不破楼兰终不还

青海长云暗雪山，孤城遥望玉门关。
黄沙百战穿金甲，不破楼兰终不还。

王昌龄《从军行七首（其四）》

爱国，是一种根植于每个人内心深处的崇高情感，我们深深地爱着这片生于斯、长于斯的土地。爱国，不同的时代会被赋予不同的含义。和平年代，爱国可以表现在努力学习和工作上，让我们的祖国变得更加富强美好。可是在战争年代，爱国则意味着无条件地听从国家的召唤，用生命和鲜血捍卫祖国的尊严。在唐诗中，有很多爱国诗篇的绝唱，王昌龄《从军行七首（其四）》就是其中之一。

诗人首先为我们描绘了一幅战地长卷。我们的视线在青海湖的上空聚焦，看到那层层弥漫的乌云，那横亘在河西走廊的绵延不绝的雪山。就是在这里，唐朝的官兵曾一次又一次地打退了吐蕃军队的进攻。越过那终年积雪的雪山，看到的是一座与玉门关遥遥相望的荒漠中的孤城，玉门关以外就是突厥的势力范围了。这一系列的景物描写实际上是对西北边陲的一个鸟瞰。我们仿佛置身边关，将要去感受刀光剑影和战火的洗礼。然后作者由环境描写直接转为抒情，将士们百战沙场，铠甲磨穿，凭着坚强的意志发誓不彻底击溃敌人不归故里。

“欲安其家，必先安于国。”诗中的将士们“忧国忘家”，真正把自己的生死和祖国的兴亡联系在一起了。“黄沙百战穿金甲，不破楼兰终不还。”（楼兰是汉朝敌国，此诗以汉喻唐。）这誓言掷地有声、雄健有力，突出地表现了爱国志士们捍卫自己的家园、誓灭强敌的英雄气概。爱国，自古以来就是中华民族的优秀传统，可歌可泣的爱国故事俯拾即是。如西汉的霍去病在抗击匈奴、保家卫国的边疆战场上，马不卸鞍、衣不解甲地度过了一生。汉武帝为了表彰他的功绩，下令为他建造一座豪华府第，让他去看看。他说道：“匈奴不灭，无以家为也。”清代的左宗棠督办新疆军务时，已经做好了战死的准备，让人抬棺木进军，经过艰苦的战争，终于迫使沙俄改订了条约，收回了属于我国的领土……在写作关于爱国主义题材的文章的时候，我们可以引用以上这些事实论据来支持论点。

圣人不利己

圣人不利己，忧济在元元。

黄屋非尧意，瑶台安可论。

陈子昂《感遇三十八首（其十九）》

这是一首劝谏君主如何善用为君之道的诗。其中尤以“圣人不利己，忧济在元元”著称于世。从字面上我们不难理解这句话的意思。圣贤的君主，不会只顾一己之私利，他会时时忧虑黎民百姓的疾苦，济困扶危，这是一种爱民思想的体现。全诗如下：

圣人不利己，忧济在元元。
黄屋非尧意，瑶台安可论。
吾闻西方化，清净道弥敦。
奈何穷金玉，雕刻以为尊。
云构山林尽，瑶图珠翠烦。
鬼功尚未可，人力安能存。
夸愚适增累，矜智道逾昏。

唐太宗李世民曾说过："水能载舟，亦能覆舟。"历代统治者都十分重视与平民百姓的关系。他们极力推崇"爱民如父母之爱子、兄之爱弟"的做法，而且还得出了"得民心者得天下，失民心者失天下"，"为政之道，以顺民心为本，以厚民生为本，以安而不扰民为本"，"民为贵，社稷次之，君为轻"的论断。只有人民才是历史的主人，谁要是忽视了人民的力量，就一定是自取灭亡的。

无论是古代的君主，还是现代的官员，为政一方都应该本着一颗爱民之心真正地造福于民。中国历史上爱民的典范很多。诸如行德爱人的赵宣子，杀骡救人的赵简子，尝药救人的钟离意，赈灾济民的范仲淹，他们都以民为先，设身处地地为民众的利益着想。当代的例子就更是举不胜举了，如人民的儿子焦裕禄，无私利他的好战士雷锋等。同样，人民也永远不会忘记他们的名字。就像诗人臧克家写的："有的人/俯下身子给人民当牛马；有的人/把名字刻入石头想‘不朽’。/给人民做牛马的/人民永远记住他！把名字刻入石头的/名字比尸首烂得更早。”以上这些论据，同学们可以在写关于爱民这一题材的议论文中尝试用之。

宁为百夫长

烽火照西京，心中自不平。
牙璋辞凤阙，铁骑绕龙城。
雪暗凋旗画，风多杂鼓声。
宁为百夫长，胜作一书生。

杨炯《从军行》

这首诗描写了一位书生从军和参战的全部过程。前方战报频传，激起了一位读书青年的爱国热情，他不愿再将青春年华消磨在笔砚之间，于是决心投笔从戎开始军旅生涯。在战场上英勇作战，既为报效祖国，立功扬名，更是一种唐代诗人的心灵追求。同时他们也从壮美的边塞，从铁血军旅中获得了澎湃的诗情，这直接促成唐代边塞诗的蓬勃发展局面。

这是一首抒写爱国情怀的诗，而“宁为百夫长，胜作一书生”正是一个爱国的宣言。我们在写爱国题材的作文时可以引用这句话，非常有说服力。关于爱国的主题，许多名家也有自己的观点，曹植有“捐躯赴国难，视死忽如归”，范仲淹有“先天下之忧而忧，后天下之乐而乐”，陆游有“位卑未敢忘忧国，事定犹须待阖棺”，文天祥有“臣心一片磁针石，不指南方不肯休”，谭嗣同有“我自横刀向天笑，去留肝胆两昆仑”，林则徐有“苟利国家生死以，岂因祸福避趋之”，秋瑾有“拼将十万头颅血，须把乾坤力挽回”，周恩来有“为中华之崛起而读书”。这些语句或体现了对国家、民族、人民前途命运的关心，或体现了一种高度的责任感和强烈的忧国忧民情怀，或体现了一种无所畏惧、视死如归的牺牲精神。在写作中，这些理论论据都可以为我所用，借以阐明观点。

商女不知亡国恨

烟笼寒水月笼沙，夜泊秦淮近酒家。
商女不知亡国恨，隔江犹唱《后庭花》。

杜牧《泊秦淮》

这是一首表达爱国忧民之情的小诗。诗的开头，以景物描写入题，渲染出一片淡雅的水边夜色，幽静而朦胧。在这样的夜色中，诗人的船停泊在秦淮河边。这里是著名的娱乐场所，秦淮河两岸到处是一片歌舞升平。“商女不知亡国恨，隔江犹唱《后庭花》。”在这酒家林立的地方，不时传来歌女们演唱《后庭花》的歌声。作者听到这样的歌声，不禁慨叹：“当今国家有难，国力衰微，这些天天吃喝玩乐的人，不为国家效力，只是沉浸在酒色和靡靡之音中。长此以往，国将不国了。”作者在表达这种思想的时候，并没有直接怒斥这些腐朽分子，而是通过对歌女们不知时事地演唱《后庭花》这样的亡国之音来进行反讽，嘲笑了那些醉心于声色的大臣们。同时，也从对这些人的批判中，表现出作者忧国忧民的思想感情。

爱国忧民是中学生习作中一种较为普遍的题材，可以从不同的角度、不同的侧面来切入写作。如可以写岳飞的“以身许国，何事不敢为”，可以写顾炎武的“天下兴亡，匹夫有责”，可以写丰子恺的“宁做流浪汉，不当亡国奴”，可以写肖邦的“爱祖国高于一切”，还可以写列夫·托尔斯泰的“要尽可能做一个对祖国有用的人”等。这些豪言壮语都能表现热爱祖国、关心人民的主题，同学们在写这类题材时可以参考。

安得广厦千万间

八月秋高风怒号，卷我屋上三重茅。

茅飞渡江洒江郊，高者挂罥长林梢，下者飘转沉塘坳。

南村群童欺我老无力，忍能对面为盗贼，公然抱茅入竹去。

唇焦口燥呼不得，归来倚杖自叹息。

俄顷风定云墨色，秋天漠漠向昏黑。

布衾多年冷似铁，娇儿恶卧踏里裂。

床头屋漏无干处，雨脚如麻未断绝。

自经丧乱少睡眠，长夜沾湿何由彻！

安得广厦千万间，大庇天下寒士俱欢颜，风雨不动安如山！

呜呼！何时眼前突兀见此屋，吾庐独破受冻死亦足！

杜甫《茅屋为秋风所破歌》

安史之乱中，诗人杜甫逃亡到四川，一直无栖息之所，穷困潦倒。上元二年（761）的春天，诗人终于在成都浣花溪畔盖起一座茅屋。虽然又小又破，但终究有了一个可以避风的港湾，一家人终于可以安顿下来。哪里知道，时至八月，一夜秋雨过后，草堂上的茅草随风而逝。眼见着自己唯一的“家产”毁于一旦，内心当然悲痛万分，辗转难眠，于是写下了这首《茅屋为秋风所破歌》。

全诗以纪实的笔法写成，我们仿佛看见一个白发苍苍、病魔缠身的老翁眼睁睁地看着怒号的秋风一层又一层地卷走自己屋上的茅草。那茅草或被风吹到对岸，或高挂树梢，不多的几束能捡回的还被邻里村童抢着抱了去。老人只能拄着拐杖在寒风中瑟瑟发抖，独自叹息……

最难能可贵的是，诗人的处境已经苦楚不堪了，但并没有怨天尤人，而是想到了普天下所有与自己有着同样命运的人，最后发出了“安得广厦千万间，大庇天下寒士俱欢颜”的宏愿，表现出了诗人崇高的理想和忧国忧民的情感。这与范仲淹的“先天下之忧而忧，后天下之乐而乐”，有异曲同工之妙。

功名只向马上取

火山六月应更热，赤亭道口行人绝。
知君惯度祁连城，岂能愁见轮台月。
脱鞍暂入酒家垆，送君万里西击胡。
功名只向马上取，真是英雄一丈夫。

岑参《送李副使赴碛西官军》

唐朝是一个强盛的王朝，但始终战事不断，边患无穷。当时的读书人怀着对祖国的一片赤诚，心仪金戈铁马，情系壮美军旅，纷纷走出书斋，奔赴战场。这首诗就是诗人岑参在好友赴前线时的一首送别之作。

尾句“功名只向马上取，真是英雄一丈夫”，堪称千古名句。它是诗人对临行好友的勉励：“请你在战场上英勇杀敌，在戎马沙场上求取功名吧！做一个真正的男子汉大丈夫。”语言豪迈健朗，完全没有送别诗中常见的低落情绪。从中我们也可以看到诗人的一种价值取向，只有在战场上建立功勋才是真正男子汉的所为。这也让人联想到，南宋的爱国诗人陆游，也曾向往着过“上马击狂胡，下马草军书”的军旅生活，也曾立下“一身报国有万死”的誓言。怀着精忠报国之志的抗金英雄岳飞，他的名句“壮志饥餐胡虏肉，笑谈渴饮匈奴血”，我们也并不陌生。这些都反映了诗人报国的拳拳赤子之心。

“祖国”这一词在英语里叫作“motherland”，可以直译为“妈妈的土地”。我们常常把祖国比作母亲，作为她的儿女，每一个中华儿女都知道“天下兴亡，匹夫有责”的道理。当祖国母亲遭受外族蹂躏的时候，真正的男子汉会英勇地挺起胸膛，站出来，用自己的血肉之躯维护祖国的和平。因此我们写作中，把这个名句用来歌颂那些为祖国的安宁甘愿牺牲自己的青春与生命的志士和英雄们再合适不过了。

理想与情操

KEWAI YUWEN
YINGYONG XILIE

直挂云帆济沧海

金樽清酒斗十千，玉盘珍馐直万钱。
停杯投箸不能食，拔剑四顾心茫然。
欲渡黄河冰塞川，将登太行雪满山。
闲来垂钓碧溪上，忽复乘舟梦日边。
行路难！行路难！多歧路，今安在？
长风破浪会有时，直挂云帆济沧海！

李白《行路难三首（其一）》

李白虽然很有作诗的天赋，却不善于政治投机。他的才能被发现后，入长安翰林院做官，诗人本来以为可以有机会施展政治抱负，大展宏图，却因为不会攀龙附凤，不久就被唐玄宗“赐金放还”。这首诗就是他即将离开长安时，在好友为之送行时的酒宴上写下的。面对眼前的好友、丰盛的宴席，举起酒杯又缓缓地落下了，欲言又止，心中茫然。原因何在？在人生的道路上“冰塞川”“雪满山”，现实却是那样的无情，不由得慨叹“行路难！行路难”。可是在惆怅之余，诗人忽然想到了在磻溪垂钓的姜子牙，也想起了因为梦见自己得到汤王重用而实现志向的伊尹。于是诗人情绪有了一个极大的转折，由悲伤彷徨转为了乐观自信，终于摆脱了在歧路中彷徨的苦闷，直呼“长风破浪会有时，直挂云帆济沧海”。他相信尽管人生的道路充满坎坷，但只要努力，一定有一天能挂上云帆，乘风破浪，横渡沧海，到达理想的彼岸。

“长风破浪会有时，直挂云帆济沧海”一句，以它那非凡的气势成为流传至今的名句。我们读后不免会被诗人坚持理想的雄心壮志所感染。俗话说“人无志而不立”，没有远大的理想，一个人是不可能有所作为的。高尔基说：“一个不知道明天该怎么办的人是不幸的。”理想就如不灭的灯塔，我们就好像海上航行的水手，我们的航程是靠它指引的。正如雨果所说：“生活好比旅行，理想是旅行的路线。失去了路线，只好停止前进。生活既然没有目的，经历也就枯竭了。”没有鸿鹄之志，陈胜又怎能在大泽乡揭竿而起，掀起了历史上第一次农民起义？没有造福于全人类的理想，爱迪生又怎能给世界带来一片光明？举不胜举的例子告诉我们，理想是一个人在身处困境之时的信念支撑，是一个人的灵魂。

一览众山小

岱宗夫如何？齐鲁青未了。
造化钟神秀，阴阳割昏晓。
荡胸生层云，决眦入归鸟。
会当凌绝顶，一览众山小。

杜甫《望岳》

杜甫的《望岳》被誉为“绝唱”，并刻石为碑，立于泰山的山麓之上。

泰山呀，你究竟是何等的景象呢？从齐到鲁，到处碧色可见。（你）凝聚着大自然的神奇秀美，把山南、山北分隔成昏暗和明亮两个天地。云气迭起，令人胸怀激荡。目不转睛地看着归鸟，令人感到眼角欲裂。（我）一定要登上泰山的顶峰，那时候周围的群山一定都会显得渺小。

结尾两句“会当凌绝顶，一览众山小”，颇具有启发性和象征意义，可以看到诗人不怕困难、勇于攀登、俯视一切的雄心和气概。在写作中可以用来说明要有所成就，就要有奋勇前进、不畏劳苦的精神。只有登临绝顶，才能欣赏那峥嵘百态的怪石，挺拔多姿的奇松，才能领略那“群峰下伏”“旭日东升”“晚霞夕照”“黄河金带”“云海玉盘”的奇观。就这一主题，我们还能想到什么例证呢？宋代文学家王安石说：“夫夷以近，则游者众；险以远，则至者少。而世之奇伟、瑰怪、非常之观，常在于险远，而人之所罕至焉，故非有志者不能至也。”看来，无志者只能拜倒在山的脚下，望“山”兴叹，止步不前；志不坚者只能半坡流连，畏难而退，前功尽弃，中途而废。

登山如此，治学也是同样的道理。举世闻名的数学家陈景润立志登上数学研究的高峰，他整日身居陋室，废寝忘食，潜心研究，终于采撷了数学皇冠上的明珠。像这样的例子还有很多，这里点到为止。同学们应该在平时注意把这样的论据归类与整理，到临场时才能将一切为“我”所用。

扶摇直上九万里

大鹏一日同风起，扶摇直上九万里。
假令风歇时下来，犹能簸却沧溟水。
世人见我恒殊调，见余大言皆冷笑。
宣父犹能畏后生，丈夫未可轻年少。

李白《上李邕》

李白的诗以构思奇特、气势雄浑著称于世。被誉为“诗仙”的李白，作品大多颇富浪漫主义色彩，想象奇特，令人赞叹不已。在他的诗作中，我们经常可以看到诗人以大鹏的形象来自比，借以抒发自己远大的理想抱负。《上李邕》就是其中的一首。

大鹏是指传说中的大鸟。《庄子·逍遥游》：“鹏之徙于南冥也，水击三千里，抟扶摇而上者九万里。”李白在青少年的时候就有“斗转而天动，山摇而海清”的远大理想。他受了庄子《逍遥游》中大鹏形象的启发，在诗人的想象里，大鹏是英雄形象的代表，是自由的象征。虽然后来李白遭遇到了政治上的失败——被唐玄宗“赐金放还”，也曾感慨万千，作诗云：“大鹏飞兮振八裔，中天摧兮力不济。”比喻自己的翅膀被折断，而无力飞翔了。但沉沦不符合李白的个性，自信坚强是诗人骨子里抹不去的东西。我们从“大鹏一日同风起，扶摇直上九万里”中更多地看到了诗人虽遭谗被贬却仍满怀着翻江倒海的豪情壮志——大鹏（我）有朝一日驾着暴风腾空而起，盘旋而上，可直上九万里的云霄，即使风停降落，还能振翅掀起海中的波涛，构成波澜壮阔的气势。

我们可以用李白诗中的这一名句来比喻凌云的壮志、坚定的信心，也可以用来歌咏崇高的理想。当然，“扶摇直上九万里”是夸张的写法。但正是这种“心在旷野志在天”的精神力量，会给我们战胜困难的力量。如果周恩来没有“为中华之崛起而读书”的宏志，中国可能就少了一位名垂青史的领袖。军事奇才拿破仑曾说：“不想当元帅的士兵不是好士兵。”太多的例证告诉我们，树立远大的理想，是成功的前奏曲。

少年心事当拿云

零落栖迟一杯酒，主人奉觞客长寿。
主父西游困不归，家人折断门前柳。
吾闻马周昔作新丰客，天荒地老无人识。
空将笺上两行书，直犯龙颜请恩泽。
我有迷魂招不得，雄鸡一声天下白。
少年心事当拿云，谁念幽寒坐呜呃。

李贺《致酒行》

有时一件小事可以改变一个人一生的命运。才华横溢的诗人李贺当年竟以避父“晋肃”的名讳这样一个所谓的理由，被

剥夺了参加进士考试的资格。这样的打击对于一心想入仕途的他来说可谓重创，一种压抑、郁闷的情绪难以排遣，于是有此作。

从标题《致酒行》中可以看出诗的内容与宴饮有关，开篇即写了一个劝酒的场面。诗中提到的“客”当然是诗人的自喻。诗人面对着杯中的酒，沉默不语。主人对李贺的遭遇表示了极大的同情，而且竭尽全力进行劝慰。先是举杯祝他身体健康，可是美酒好像并不能减轻李贺内心的痛苦。他幽怨地说道：“你听说过汉武帝时的主父偃的故事吗？他家里人曾为之折柳送别，而他辞别家人入关后，资用匮乏，屡遭白眼，我现在的境遇就和他相差无几呀。”主人听后，也引经据典，娓娓道来，开导说：“我倒是听说唐初的名臣马周年轻的时候也曾受地方官吏的侮辱，在去长安的途中投宿新丰，主人待他连商贩都不如。其处境狼狈不堪，很长时间也没有伯乐可以识他这匹千里马，那种不被人识的悲苦一定也不次于你。但是后来怎么样了呢？他却因替借寓的主人代笔写陈条，让皇上大悦，因此而时来运转，被破格提拔呀！”主人的话点到为止，只是客观地陈述了事实，言外之意则是劝导李贺不应因一事不成就灰心失望。只要有真才实学，胸怀大志，成功是早晚的事。李贺被主人的一席话惊醒，茅塞顿开，心中的感觉就好像“雄鸡一声”整个天都亮了起来。于是在结束全篇的时候感叹道：“是呀，我正值青春年少之时，就应该有凌云的壮志，怎能因一时的挫折而一蹶不振呢？没有人会同情一个只懂得唉声叹气的人啊！”

“少年心事当拿云，谁念幽寒坐呜呃”，后来成为一个警句，用来规劝那些胸无大志，只知道怨天尤人，向命运低头的年轻人。古语说："人无大志，不知其可也。"诸葛亮的名句："志当存高远。"都时刻提醒着我们，一个人只有树立一个远大的目标，才能有所成就。

愿君学长松

太华生长松，亭亭凌霜雪。
天与百尺高，岂为微飙折。
桃李卖阳艳，路人行且迷。
春光扫地尽，碧叶成黄泥。
愿君学长松，慎勿作桃李。
受屈不改心，然后知君子。

李白《赠韦侍御黄裳（其一）》

在封建社会，如果想在官场周旋，很少有人能不逢迎、讨好权贵。李白这首诗作于天宝年间，旨在鞭挞像韦黄裳之类的趋炎附势的小人。

西岳华山上生长着千年古松，亭亭如盖，几经风雪，仍岿然挺立。百尺之躯怎能因为微风而折枝呢？桃花和李花凭借它们鲜艳的颜色来卖弄风情，行路的人常常被它们所迷惑，但是当春光不再的时候，桃李的花瓣就零落成泥了。希望大家都来做华山上的苍松吧，千万别去做桃李那样的俗艳之人呀。因为只有经历挫折打击而不改其志的人才是真正的君子。

正直无私，浩然正气，不逢迎谄媚权贵世俗，是中华民族传统美德重要的组成部分。这首诗把“华山松”和“桃李”进行了鲜明的对比，说明了有自我尊严、正直无私的人是能够经历风雨洗礼的。而那些谄媚的人只能得意一时，有很强的讽喻和警世作用。

这里再举一些重节气的理论论据供同学们在写关于此种题材的议论文时参考。《论语·述而》中说道：“君子坦荡荡，小人长戚戚。”孔子又说：“不义而富且贵，于我如浮云。”汉代刘安曾云：“正身直行，众邪自息。”宋代的林逋有言曰：“见善明，则重名节如泰山；用心刚，则轻生死如鸿毛。”汪莘也说过：“铁可折，玉可碎，海可枯，不论穷达生死，直节贯殊途。”古代谚语中更有“疾风知劲草，严霜识真木”的说法……

此马非凡马

此马非凡马，房星本是星。
向前敲瘦骨，犹自带铜声。

李贺《马诗二十三首（其四）》

有一篇题为《瘦马铜声》的通讯，写的是云南省边检站站长赵应林，家里一贫如洗，女儿患病住院连1000元的医疗费都交不起，却拒收了14万元贿赂的事迹。这篇通讯歌颂了一个真正的共产党员坚持党性不受金钱诱惑的凛然正气，文章的标题

就是从李贺的这首诗中化用来的。

诗人李贺空有一身才气却无处施展，不得重用，壮年抑郁而死，因此他的诗多是苦吟，我们能从诗中体会到诗人怀才不遇的情绪。这首诗表面写马，实际上是以马自喻，来写自己。古人认为不平凡的人应来自天上的星宿。诗中的马是由房星下凡而来的，可见素质不凡，卓尔不群，却因其貌不惊人、瘦骨嶙峋而不被重用，无人能识。但如果你走近它，敲敲它的骨头，你会听到铜声悦耳。原来它有着一副铜铸的硬骨头。虽然诗人也好像这匹瘦马一样处境凄惨，但终不会为逢迎谄媚而改变操守。

我们在作文中就可以引用："向前敲瘦骨，犹自带铜声。"来比喻那些甘于寂寞，不贪图物质上的享乐，保持人格的尊严，坚持操守的人。同时可以作为论据的还有很多事例。如古代齐国一次大荒年，有个名叫黔敖的人，大发善心，在路旁设一个舍饭摊，救济逃荒过路的难民。他看见一个小伙子饿得快要倒下了，就拿着食物向他嚷道："嗟，来食！"谁知道那人怒目而视，直到饿死也不肯吃施舍的食物，于是传为"饿死不食嗟来之食"的佳话。再如明代的民族英雄于谦，他一向主张"名节重泰山，利欲轻鸿毛"，把自己的俸禄都用来救济灾民，每次进京的时候决不给上级官员送礼。有人劝他，不带钱，带点山西特产也行啊。他却说："我只带两袖清风！"同学们如果能在写作中引用上述例子，一定会很有说服力。

草木有本心

兰叶春葳蕤，桂华秋皎洁。
欣欣此生意，自尔为佳节。
谁知林栖者，闻风坐相悦。
草木有本心，何求美人折？

张九龄《感遇十二首（其一）》

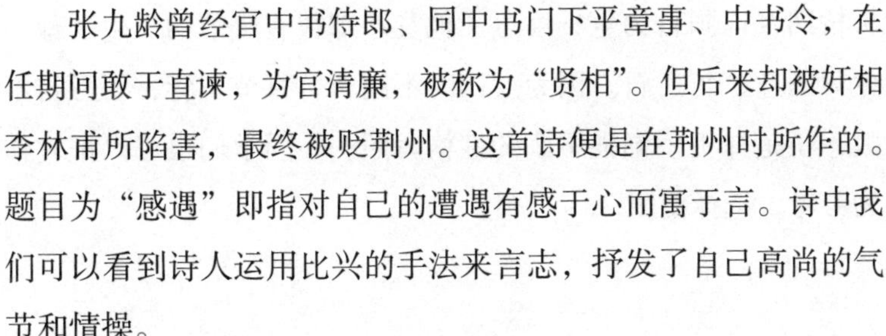

张九龄曾经官中书侍郎、同中书门下平章事、中书令，在任期间敢于直谏，为官清廉，被称为“贤相”。但后来却被奸相李林甫所陷害，最终被贬荆州。这首诗便是在荆州时所作的。题目为“感遇”即指对自己的遭遇有感于心而寓于言。诗中我们可以看到诗人运用比兴的手法来言志，抒发了自己高尚的气节和情操。

春天的兰草葱郁繁茂，秋天的桂花清雅脱俗。它们都在适合自己的时间尽情吐露着芬芳，展现着欣欣向荣的生命活力。一阵清风吹过，那居住在山林中的美人，闻到了随风飘散的花香，于是来坐观赏。但是，兰桂的芬芳本是出于本性，又何求美人的赏识与攀折呢？“草木有本心，何求美人折”，用来比喻贤人君子的洁身自好，本分做人，并非借此求得他人的称誉，来加官晋爵。也表明了诗人进德修业，不求闻达，不求显赫的节操。

古今中外，有多少人在功利面前蜂拥而上，丧失了自己的人格，又有多少人一味追逐钱财，抛弃了精神上的追求，虽然脂厚肠肥，虽然宝马香车，但脑子里是绝对空虚的。这种人已经失去了真正的自我了。今天当我们吟起张九龄这首诗的时候，不得不被诗人那种坚定的气节所打动。

写作关于歌颂坚定的气节、高尚的情操的作文题时，可以引用这首诗，同时还有一个故事，也是一个好的例证。那就是"扬州八怪"之一的郑板桥做县令时，体恤民情，爱民如子。他因大灾之时，私自为百姓开仓放粮而被革职。临行前，郑板桥向潍县的百姓赠画留念，画上题诗一首："乌纱掷去不为官，囊橐萧萧两袖寒。携取一枝清瘦竹，秋风江上作鱼竿。"从此，郑板桥回乡以画竹为生，度过了他贫寒却很有气节的一生。他一生只画兰、竹、石。因为兰四时不谢，竹百节长青，石万古不败，正是郑板桥倔强不驯的性格写照……同学们也可以把它作为参考，选择使用。

学习与进步

KEWAI YUWEN
YINGYONG XILIE

劝君惜取少年时

劝君莫惜金缕衣，劝君惜取少年时。
有花堪折直须折，莫待无花空折枝。

杜秋娘《金缕衣》

这首诗，全用白话写成，意思非常好懂，旨在劝说人们尤其是青少年，要珍惜时光。千金散尽还可复来，可是大好的青春错过了，是任何金钱所无法补偿的。盛开的鲜花，在它娇艳欲滴的时候，就尽管采摘下来。不要等到花落之时，再去折那无花的空枝。那时只能悔之晚矣。

时间对每个人都是公正的，谁对时间越吝啬，时间就对谁越慷慨。显然这首诗可以作为论证惜时的有力论据。当然，我们还可以想到许多名家分秒必争的事例，从而作进一步论证。例如：鲁迅先生以“时间就是生命”的格言律己，笔耕不辍，终成一代名家；巴尔扎克每天用十六七个小时如痴如狂地奋笔疾书，即使累得手臂酸疼，双眼流泪，也不肯浪费一点时间，为人们留下了《人间喜剧》这笔珍贵的遗产；爱迪生一生有一千多项发明，有的发明要经过上千次试验，他常常连续工作24小时甚至36小时，最终给全世界带来了光明；爱因斯坦76岁时得了重病，当时一位朋友问他还需要什么东西时，他说“我只希望还有一点时间让我能把一些书看完”；齐白石老人画的虾，形神兼备，气韵生动，有人问他的“秘诀”是什么，他笑着回答：“不曾一日闲过。”总之，这些例子不胜枚举，相信会对同学们写作思路的拓宽提供一点帮助。

一寸光阴一寸金

读书不觉春已深，一寸光阴一寸金。
不是道人来引笑，周情孔思正追寻。

王贞白《白鹿洞》

“一寸光阴一寸金”，现在被更广泛地用于俗语式的警句当中。它告诫和警示人们，时间是多么的宝贵，青春又是多么的易逝。其出处便是这首王贞白的《白鹿洞》。

我们常说：“寸金难买寸光阴。”时间正因为其不可重复，不能用金钱换取，而且又和人的生命息息相关才显得弥足珍贵。

除此诗外，我们可以再扩展一下思路，想一想，还有哪些古人也有对惜时的重要性的认识可以被用到中学生的写作中来呢？如岳飞的“莫等闲、白了少年头，空悲切”；陶渊明的“盛年不再来，一日难再晨。及时当勉励，岁月不待人”；杜荀鹤的“少年辛苦终身事，莫向光阴惰寸功”。文嘉的《明日歌》，早在我们很小的时候便能成诵了：“明日复明日，明日何其多？我生待明日，万事成蹉跎。世人若被明日累，春去秋来老将至。朝看水东流，暮看日西坠。百年明日能几何？请君听我《明日歌》。”

这里不妨再选录一下现代散文大家朱自清的《匆匆》，看看他是怎样用形象的语言来激起我们对时间流逝之快的感悟的：

洗手的时候，日子从水盆里过去；吃饭的时候，日子从饭碗里过去；默默时，便从凝然的双眸前过去。我觉察她去的匆匆了，伸出手遮挽时，她又从遮挽的手边过去。天黑时我躺在床上，她便伶伶俐俐地从我身上跨过，从我脚边飞过去了。等我睁开眼和太阳再见，这就算又溜走了一日。我掩着面叹息，但是新来的日子的影儿又开始在叹息里闪过了。

要把这些内容信手拈来地运用到作文中是需要同学们留心积累的，平时不妨多从名家的名言和散文中汲取一点精华，这样在成文的时候文思才不会枯竭。

少年安得长少年

少年安得长少年，海波尚变为桑田。
荣枯递传急如箭，天公不肯于公偏。

李贺《嘲少年》

李贺的这首《嘲少年》告诫人们时间对每个人都是公平的，揭示了韶华稍纵即逝的道理。全诗如下：

青骢马肥金鞍光，龙脑入缕罗衫香。
美人狭坐飞琼觞，贫人唤云天上郎。
别起高楼临碧筱，丝曳红鳞出深沼。
有时半醉百花前，背把金丸落飞鸟。
自说生来未为客，一身美妾过三百。
岂知劚地种苗家，官税频催勿人织。
长得积玉夸豪毅，每揖闲人多意气。
生来不读半行书，只把黄金买身贵。
少年安得长少年，海波尚变为桑田。
荣枯递传急如箭，天公不肯于公偏。
莫道韶华镇长在，发白面皱专相待。

青春的岁月，充满了活力，是生命中最华美的乐章。但再美的少年也终将老去，就好像一望无际的大海也能变成万顷的良田一样。花木的枯黄和欣欣向荣的交替如飞箭般迅速，上天怎能为了某一个人而将时间的脚步放慢呢？当年华老去，等待我们的只有花白的头发和布满皱纹的脸。

“少年安得长少年，海波尚变为桑田”，这句诗可以在写作中作论证惜时主题的论据。时间的步伐有三种：“未来”，犹豫地接近；“现在”，快步如飞地流过；“过去”，永远地静止。有这样一个例子，美国夏威夷岛上的学生在每次上课前都要齐声朗诵这样一段催人奋进的文字：“一个人一生只有三天——昨天、今天和明天。昨天已经过去，永不复返；今天已和你在一起，但很快也会过去；明天就要到来，但也会消逝。”这段发人深省的警世名言把漫长的人生浓缩成为短暂的三天。在浩大的宇宙空间里，人生只是流星般的闪光；在无限的时间长河里，人生仅仅是微小而又微小的波浪。时光飞逝，时不我待。我们没有理由不珍惜时光，不然终会落得“少壮不努力，老大徒伤悲”的一声叹息。

丈夫贵壮健

昔在洛阳时，亲友相追攀。
送客东郊道，遨游宿南山。
烟尘阻长河，树羽成皋间。
回首载酒地，岂无一日还？
丈夫贵壮健，惨戚非朱颜。

杜甫《遣兴五首（之五）》

《遣兴五首（之五）》是一组五言古诗。杜甫对年少时光进行了一番回忆，许多美好的时光都用在了交际应酬和游玩上，现在白首之时才慨叹，时光如流水一去不复返了。因此尾句有“丈夫贵壮健，惨戚非朱颜”的警世之语，意旨宏远。意思是大丈夫贵在壮健之时应该有所作为，不然待到朱颜已逝，年纪老迈，只能空自叹息，而无能为力了。旨在用来劝慰人们惜取少年之大好时光，做出一番事业。

法国作家雨果说过：“当黑夜降临的时候，没有人可以把一丝阳光保留。”时间是无情的，但也是公正的。三千多年前当孔老夫子在岸边凝视着那一刻不止息的流水而吟出“逝者如斯夫”的时候，他一定切身地感受到了茫茫宇宙间，人的生命的渺小与脆弱。正因为生命对于我们每个人来说都只有一次，时间才显得尤其珍贵。当我们离开这个世界的时候，如果能给生活过的这个世界留下一点我们曾经来过的印迹，也就不再有什么遗憾了。可是我们能吗？这样的证据我们有吗？名人志士之所以有所作为，就在于珍惜并善于利用时间：鲁迅善于把“别人喝咖啡的时间用在学习上”，颜真卿则把“五更鸡鸣”之时当作男儿读书的时间，东汉的董遇利用“三余（冬者岁之余，夜者日之余，阴者雨之余）来读书。正如春天不爱护花木，就看不到秋天的果实一样，不珍惜时间就永远实现不了生命的真正价值。

十年磨一剑

十年磨一剑，霜刃未曾试。
今日把示君，谁有不平事？

贾岛《剑客》

贾岛的这首《剑客》语言浅近，易于理解。

剑客用了十年的时间精心磨制一剑，刃白如霜，还未曾试过锋芒。今天把这利剑拿出来展示一番，如果天下谁有冤屈不平的事，请快快说出来吧。这里剑客又是诗人的自喻，而“剑”则比喻自己的才能。从侧面写出自己十年寒窗，刻苦攻读，终于有所得，一种意欲展现政治抱负，实现政治理想的渴望跃然纸上。这实际上是一种托物言志的写法。诗人通过巧妙的艺术构思把自己的意象，含而不露地融入“剑”和“剑客”的形象里。这种寓政治抱负于鲜明形象之中的表现手法是值得称道的。

“十年磨一剑”已被当作一种坚韧不拔精神的代名词，成为一句俗语，可以用来作为议论文体关于论述毅力、恒心、勤奋等主题的论据。把思维扩展开来，还有许多俗语和事例可以作为理论支持：“台上一分钟，台下十年功”；“宝剑锋从磨砺出，梅花香自苦寒来”；“冰冻三尺，非一日之寒”；“不经一番寒彻骨，怎得梅花扑鼻香”；铁杵磨成针的故事曾激励了多少人；东晋书法家王羲之为练字把一池清水变成墨池；董仲舒读书三年，忘记欣赏窗外的景色，传为“三年不窥园”的佳话……这些不都是“十年磨一剑”的有力注脚吗？

吹尽狂沙始到金

莫道谗言如浪深，莫言迁客似沙沉。
千淘万漉虽辛苦，吹尽狂沙始到金。

刘禹锡《浪淘沙九首（其八）》

唐代的诗人很少有人在经历了人生磨难后仍能像刘禹锡那样旷达乐观，斗志不衰。这首《浪淘沙》就是他坚韧不拔的意志的最好展现。

诗人刘禹锡屡遭贬谪，经历十分坎坷。诗句通过具体的形象，概括了诗人从自我经历中获得的人生感悟，给我们以人生的启迪。全诗的意思是，不要说流言蜚语如同大浪一样让我们无法脱身，不要说被贬谪的人好像泥沙一样永远下沉。就好像淘金的过程一样，需要千遍万遍地过滤，虽然辛苦，但只有淘尽了泥沙，才会露出真正的黄金。其中的潜台词是，我虽然在偏远的地方经历了千辛万苦，这些痛苦终会过去，美好的明天会到来的，我这颗金子有一天定会散发出万道光芒！

“千淘万漉虽辛苦，吹尽狂沙始到金。”这一名句可以用来形容顽强的毅力、坚定的信念，也可以用来歌颂那些高瞻远瞩，有远见卓识，不因眼前一时的黑暗而迷失方向的人。而在今天则更多地用来鼓励人们勤奋创业，默默耕耘，持之以恒，以求得最后的成功。

“故天将降大任于是人也，必先苦其心志，劳其筋骨，饿其体肤，空乏其身，行拂乱其所为，所以动心忍性，曾益其所不能。”古来成大功、立大业者，唯刻苦自励，勤于做事，以耐久之精神为之。只有勤，才是正途。俗话说：“一分耕耘，一分收获。”可见，在到达目的地之前历尽的艰辛都是成功的准备。传说古代希腊有个叫德摩斯棣尼的演说家，小的时候因口吃，登台演讲时，声音浑浊，发音不准。为了克服这个弱点，他每天口里含着小石子面对大海朗诵，不管春夏秋冬、雨雪风霜，坚持五十年如一日，连爬山、跑步也边走边做演说。最后，他终于成为希腊最有名的演说家。我国著名戏剧表演艺术家梅兰芳年轻时拜师学戏，但师傅说他眼睛是“死眼”，根本不是学戏的料，不肯收留。为了补足自己天资的缺陷，他反而更加勤奋。喂鸽子时，每天双眼紧跟飞翔的鸽子；养金鱼时，每天双眼紧跟遨游的金鱼……后来，他的双眼熠熠生辉、脉脉含情，终于成为著名的京剧大师。梅兰芳没有天资，但勤奋补足了他缺陷的天资。因为勤，他成功了。以上两个成功者的例子再一次印证了“千淘万漉虽辛苦，吹尽狂沙始到金”的道理。

沉舟侧畔千帆过

巴山楚水凄凉地，二十三年弃置身。
怀旧空吟闻笛赋，到乡翻似烂柯人。
沉舟侧畔千帆过，病树前头万木春。
今日听君歌一曲，暂凭杯酒长精神。

刘禹锡《酬乐天扬州初逢席上见赠》

这是一首酬答、回赠白居易的诗。抒写了诗人在特定环境下的感情：（我）谪居在巴山楚水这荒凉之地已经二十三年了。如今回来，看到许多老朋友都已经故去，只能徒然地吟诵《闻笛赋》表示悼念而已。还记得晋人王质的故事吗？他曾经进山打柴，看见两个童子下棋，便停下来观看。棋到终局，却发现手里的斧柄已烂掉。回到村里，才知道已经过去了一百年。而我现在正像王质一样，有恍若隔世之感，觉得物是人非了。然而，沉舟侧畔，有千舟竞发；病树前头，正万木皆春。今天听了你的诗歌不胜感激，暂且借酒来振奋精神吧！

“沉舟侧畔千帆过，病树前头万木春”一句，诗人以“沉舟”和“病木”自喻，“千帆”和“万木”则是新进之辈的代名词。表现出诗人以开朗豁达、愈挫愈坚、积极进取的态度面对挫折，反而因祸得福，坏事变成了好事，又被重新起用。在人生的浮沉中，诗人感到很多事情不以人的意志为转移，又是茫茫不可预料的，觉得茫茫人世间，作为一个个体的人是那样的渺小、无力。一种幻灭感油然而生，于是作了这样一首诗。

“乐极生悲，昏极则乱”和“物极必反，否极泰来”都是中国的古谚。“塞翁失马”的故事也让我们看到了福祸之变的无常。从现象看本质，哲学原理告诉我们，矛盾对立的两个方面，在一定条件下是可以互相转化的，看事物也要一分为二辩证地看。这样能让我们失败的时候多一分信心，成功的时候多一分理性，保持一个清醒的头脑和一种平静的心态。

但是，是不是我们看到了福祸的不可预测性就好像看透人生一样，对任何事采取消极和观望的态度，而不思进取了呢？答案当然是否定的。古代的先哲老子早就得出了“祸兮福所倚，福兮祸所伏”的结论。但人们认识规律的目的是为了更好地为自身服务。如果我们最大限度地发挥主观能动性，有些矛盾是可以转化的。试想如果塞翁当年在清醒地认识到了这一规律的基础上，对新得到的马认真训练，可能他的儿子也就不会有跌落马下，摔断腿的灾祸了。有些人的福不会变成祸，是因为他们有睿智的头脑，还懂得相时而动，于是他们便容易与快乐、幸福结缘。

青春须为早

击石乃有火，不击元无烟。
人学始知道，不学非自然。
万事须己运，他得非我贤。
青春须早为，岂能长少年。

孟郊《劝学》

孟郊的《劝学》一诗，内容为题目所示，旨在劝勉年轻人趁着青春的大好时光努力学习，锐意进取。前两句“击石乃有火，不击元无烟”用了一个比兴的手法，没有直陈观点，而是先言他物：只有火石之间的互相击打，才能产生出火花。反之，没有互相的碰撞，烟又从何而来呢？然后自然地过渡到想要阐明的观点：这就如学习一样，人们只有通过学习才能明了道理，反之任何事理都不会自然而然地领会的。凡事都应该亲自去做，他人的成就永远不能证明自己的实力。既然青春稍纵即逝，就要抓紧时间尽早地掌握知识，学有所成。

学习可以使我们摆脱愚昧，开阔视野，明辨是非，增益本领。在写作中，“人学始知道，不学非自然”可以当作理论论据来论证学习的重要性。对于“劝学”的主题，让我们看看名家们是怎么说的吧。荀子说：“学不可以已。”诸葛亮说：“才须学也，非学无以广才。”葛洪说：“不学而求知，犹愿鱼而无网焉，心虽勤而无获矣。”王充说：“人之不学，犹谷未成粟，米未为饭也。”韩愈说：“业精于勤，荒于嬉；行成于思，毁于随。”朱熹说：“为学正如撑上水船，一篙不可缓。”朱德说：“活到老，学到老，还有三分学不到。”华罗庚说：“在寻求真理的长征中，唯有学习，不断学习，勤奋地学习，有创造性地学习，才能越重山，跨峻岭。”平时多加收集这些前人思想的火花，将会有助于我们思路的拓宽，也为论证提供可靠翔实的理论支持。

读书破万卷

纨绔不饿死，儒冠多误身。
丈人试静听，贱子请具陈：
甫昔少年日，早充观国宾。
读书破万卷，下笔如有神。
赋料扬雄敌，诗看子建亲。
李邕求识面，王翰愿卜邻。
自谓颇挺出，立登要路津。

杜甫《奉赠韦左丞丈二十二韵》

《奉赠韦左丞丈二十二韵》是杜甫困守长安时期所写下的一首求人援引，以求走向仕途的名篇。“读书破万卷，下笔如有神”是其中的一句，介绍了作者少年时期出众的才华和远大的抱负。当然，这样写的目的在于让别人了解自己。但仔细体味，我们不难发现这句话对指导我们的写作有着方法论的意义。

培根说过：“史鉴使人明智，诗歌使人巧智，数学使人精细，博物使人深沉，伦理之学使人庄重，逻辑与修辞使人善辩。”读一部好书就好像在跟一位智者做心灵的交谈。无论从历史空间跨度还是从世界变化的无常来讲，我们每一个人实在显得太渺小了。凡事不可能亲身经历，因此博览群书就成了扩大视野，提升人生境界的有效途径。所谓“操千曲而后晓声，观千剑而后识器”，指的就是书读得多了，写作时自然就会灵感突发，进而明白如何构思、立意，选材、布局。

“读书破万卷，下笔如有神”中的“破”是超过的意思。“万卷”虽然是虚指，但也言及数目的多。显然读书万卷和下笔有神是因果的关系，却揭示了量变引起质变的哲学原理。只有日积月累，增益学问，写文章的时候才能思如泉涌，取之不尽，用之不竭。有了这种写作上孜孜以求的精神，无怪乎杜甫会写出“笔落惊风雨，诗成泣鬼神”的诗篇了。世间万事不独写作如此，要成就任何事业，这种积累都是必需的。因此这句诗用于议论文中应是一个很好的论据。与此意相关的诗句还有“千层之台，起于垒土。千里之行，始于足下”，“不积小流，无以成江河；不积跬步，无以至千里”，“泰山不辞壤土，方能成其大；江河不择细流，故能就其深”等。同学们都可以有选择地应用。

此外，我们应该再掌握一定的积累知识的方法，如做读书卡片，把前人思想的火花和自己的心得体会记录下来，或是把日常生活中随时随地涉猎的知识收藏到你的记忆宝库中。如此这般，假以时日，再加上平时的多练多改，作文水平一定会提高的。

春风吹又生

离离原上草，一岁一枯荣。
野火烧不尽，春风吹又生。
远芳侵古道，晴翠接荒城。
又送王孙去，萋萋满别情。

白居易《赋得古原草送别》

白居易在写这首诗的时候只有16岁，而且是在考场上的即兴发挥之作。根据题目的要求，既要咏物写草，也要叙事写送别。诗人将二者有机地结合在了一起，堪称名作。

古原上茂盛的野草，春荣秋枯，一年是它的生命周期。它的生命力是顽强的，即使是毁灭性的野火把它燃烧“干净”，那深藏在地下的根也仍没有死去。严冬过后，当柔和的春风再一次吹来，清凉的雨水滋润了干涸的土地，野草便会复苏，大地便会再一次被“绿毯”覆盖。这种意境倒是与孟浩然的“林花扫更落，径草踏还生”很接近。接着由写景很自然地又转到对送别场面的描写，最后一句是由《楚辞》中《招隐士》篇中的“王孙游兮不归，春草生兮萋萋”化用来的。可见那散发着丝丝香气的萋萋春草总能引起送行人的一片愁情。李煜更有“离恨恰如春草，更行更远还生”的诗句，把对远行朋友的牵挂和惦念表达得淋漓尽致。

“野火烧不尽，春风吹又生”中的“原上草”象征着新生的力量，而野火则是阻挡新生事物的反动势力的象征。野火毁灭的残酷和野草再生的欢欣正好形成了鲜明的对比。大自然中草木的盛开与凋谢，本是自然的规律，可是我们也能从中看到新事物必将取代旧事物的道理。另外，诗中提到的春草的繁茂与春风的吹拂也有着不可分割的联系。可见新生事物也是需要扶植和培养的，好的外界环境可以起到一定的推动作用。

做人修养
KEWAI YUWEN
YINGYONG XILIE

我辈岂是蓬蒿人

白酒新熟山中归，黄鸡啄黍秋正肥。
呼童烹鸡酌白酒，儿女嬉笑牵人衣。
高歌取醉欲自慰，起舞落日争光辉。
游说万乘苦不早，著鞭跨马涉远道。
会稽愚妇轻买臣，余亦辞家西入秦。
仰天大笑出门去，我辈岂是蓬蒿人！

李白《南陵别儿童入京》

好诗总是能给人一种感染力。读罢这首李白的《南陵别儿童入京》，心情也跟着舒畅欢欣起来。诗人的理想抱负久被压抑，42岁那年忽然得到唐玄宗召他进京做官的诏书。希望被人认可的愿望终于实现，喜悦的心情自不待言。于是赶紧回到南陵家中，喜别妻儿，赶去实现他的凌云壮志。诗中我们可以看到“儿女欢笑”“开怀痛饮”“高歌起舞”这样几幅画面。这种欢乐的气氛为下文做了铺垫。

诗的高潮在结尾句“仰天大笑出门去，我辈岂是蓬蒿人”。“仰天大笑”写出了诗人志得意满之神态，刻画得惟妙惟肖，“岂是蓬蒿人”看上去有些自负，其实更是一种高度的自信，表现了诗人那种“不飞则已，一飞冲天；不鸣则已，一鸣惊人”的志向和气概。这种自信是命运的主宰，也是走向成功的第一步。

我们可以在论证自信心的重要性时，引出这个名句来支持文章的论点。这种类似于“自傲”的自信不独李白有。举例来说，英国前首相撒切尔夫人，在与英国的石油大亨撒切尔结婚时对记者说：“今天人们知道撒切尔夫人是因为撒切尔，明天，人们将因为撒切尔夫人而知道撒切尔！”这是怎样的自信啊！我国体操名将李小双1995年在日本夺得世界体操锦标赛男子个人全能冠军后，对记者说：“我还有更大的潜力，我很遗憾这次有些外国高手发挥得不好，咱们亚特兰大见。”我们在赛场上见到的是以咄咄逼人的气势，使对手望而生畏的李小双。这种孤高是有真正实力作基础的，但自信仍是第一前提。

天生我材必有用

人生得意须尽欢，莫使金樽空对月。

天生我材必有用，千金散尽还复来。

李白《将进酒》

李白的《将进酒》全文如下：

君不见黄河之水天上来，奔流到海不复回。
君不见高堂明镜悲白发，朝如青丝暮成雪。
人生得意须尽欢，莫使金樽空对月。

天生我材必有用，千金散尽还复来。
烹羊宰牛且为乐，会须一饮三百杯。
岑夫子，丹丘生，将进酒，杯莫停。
与君歌一曲，请君为我倾耳听。
钟鼓馔玉不足贵，但愿长醉不复醒。
古来圣贤皆寂寞，唯有饮者留其名。
陈王昔时宴平乐，斗酒十千恣欢谑。
主人何为言少钱，径须沽取对君酌。
五花马，千金裘，呼儿将出换美酒，与尔同销万古愁。

“天生我材必有用，千金散尽还复来”是李白《将进酒》里的名句。意思很容易理解：“我”能在世间存在必定有我自身的价值，金钱乃身外之物，花尽了还会再来。李白才华横溢却不被重用，但他并没有因此而悲观失望，这句诗既是诗人对自我价值的肯定，同时又是自信乐观的宣言。

在写作中可以把这个诗句作为一个有力的理论论据，用来证明自信心在成就事业过程中的重要作用。自信，即自己相信自己，是事业成功的立足点，也是开拓进取的精神支柱。与此相关的论据我们还会想到一些。宋代的林逋说：“自信者人亦信之，胡越犹兄弟；自疑者人亦疑之，身外皆敌国。”梁启超说过：“凡天下大事者，不可无自信心。既看得透彻，自信得过，则以一往无前之勇气赴之，以百折不回之耐心持之。虽千山万岳，一时崩溃，而不以为意。虽怒涛惊澜，蓦然号于脚下，而不改其容。”林肯也说过：“每个人应该有这样的信心：‘人所能负的责任，我必能负；人所不能负的责任，我亦能负。’如此，才能磨炼自己，求得更高的知识，进入更高的境界。”

此外，换一个视角，“天生我材必有用”还有物尽其用、人尽其才的意思。著名女作家冰心说得好：“是什么料，充什么用。假如你是一个萝卜，就力求做个水多肉脆的萝卜；假如是棵白菜，就力求做一棵瓷瓷实实的包心好白菜。”

不薄今人爱古人

不薄今人爱古人，清词丽句必为邻。
窃攀屈宋宜方驾，恐与齐梁作后尘。

杜甫《戏为六绝句（其五）》

用诗来论诗是《戏为六绝句（其五）》的与众不同之处，同时也是杜甫在七绝中的独辟蹊径的体现。这组诗共六首，这是其中的第五首。

作者在开篇就阐明了自己的观点。“今人”是指庾信和初唐四杰等距离当时年代很近的作家，他们继承了魏晋六朝“重形式，轻内容”的文风。但另一方面他们也为唐后来的一些律诗和骈体文在格律上起到了示范的作用。当时的文坛上复古的观念盛行，人们一味地贵古而贱今，对“今人”更是肆意攻击，这就归结到了一个如何正确地对待文化遗产继承的问题上。杜甫的看法是：“不薄今人爱古人，清词丽句必为邻。”爱古但也不必薄今，应该虚怀若谷地吸收各个时代文学的精华，“清词丽句”虽然在内容上可取的成分不多，过于讲究辞藻的堆砌，但是语言艺术的运用上又是值得我们借鉴的。因此不能对其全面地否定。在创作中，我们要向屈原、宋玉那样的诗人去学习，只要不去做齐梁浮艳文风的追随者就好了。

兼收并蓄是杜甫论点的精华，我们从诗中还能体会到一种谦虚的学习态度。可为我们论证类似于“谦虚使人进步”“说谦虚”这样的题目提供理论上的支撑。同时，事实论据还可以想到一些。如三国时，刘备不因诸葛亮位卑而倨傲，反而降低自己的身份三顾茅庐，使诸葛亮终感其诚，并为报“知遇之恩”立下了汗马功劳。此外，科学上的巨匠牛顿的临终遗言也颇值得我们玩味：“我自己只觉得我好像是一个在海滨玩耍的孩子，偶尔拾到了几只光亮的贝壳。但真理的汪洋大海在我眼前还未被认识呢。如果说我比笛卡儿看得更远，是因为我站在了巨人们的肩膀上的缘故。”古今中外的成名之士尚且把谦虚视为美德，何况我们这些普通人。

请君莫奏前朝曲

塞北梅花羌笛吹，淮南桂树小山词。
请君莫奏前朝曲，听唱新翻《杨柳枝》。

刘禹锡《杨柳枝词（其一）》

用笛子演奏的汉乐府横吹曲中的《梅花落》和淮南小山作所作的篇中屡屡提到桂树的《招隐士》，都以成功地歌咏树木而家喻户晓，广为流传。但是，这些毕竟是前朝的作品了，我们就不要再去演奏了，还是请您听一听我翻新过的《杨柳枝词》吧。

《杨柳枝词》从题目中即可知，内容应该是有关于咏杨柳的。它是一个组诗。共九首，此乃第一首。虽然没有丝毫提及杨柳，但是好像现代散文中的序言一样，介绍了自己后面所要写的内容与前人有关于此类文章的不同之处，那就是“莫奏前朝曲”而是“新翻《杨柳枝》”。自然地点出了题目，并大胆地提出了自己在文学创作中不拘泥于古，而有所创新的风格。

我们从刀耕火种的远古，到科学技术发展日新月异的今天，可以说每前进一步都有着改革者不懈的努力和辛勤的汗水。他们与众不同之处就在于思维的求新求异，敢于冲破传统观念的束缚，脱离旧的思维模式。改革者在没成功之前总是不被社会认可，甚至还会成为众矢之的，可是正是因为他们，才有我们今天的一切。

刘禹锡的这句“请君莫奏前朝曲，听唱新翻《杨柳枝》”，可以在写作关于改革创新题材的议论文时被引用。与此相同，高尔基也曾说过：“人类的生活就是创造。”杨格更有这样的论述：“一个天才的头脑是一片沃土和乐园，而且享受着永恒的春天。创造性的作品就是这个春天最美丽的花朵。”画家齐白石在总结经验的时候说：“不要以能诵古人姓名多为学识，不要以善道今人短处为己长。总而言之，要我行我道，下笔要我有我法。”可见，树上没有相同的两片叶子，千人一面是可怕的。而创新的多样化则是永远具有生命力和活力的。

商鞅变法废除了井田制和分封制，统一了度量衡，使秦国很快强大了起来。王安石上书千言，力主变法，并达到了富国强兵的目的。郑板桥把画竹技巧融进书法中而形成的“板桥体”书法……这些雄辩的事实不正说明了改革创新的重要性吗？

语不惊人死不休

为人性僻耽佳句，语不惊人死不休。
老去诗篇浑漫兴，春来花鸟莫深愁。
新添水槛供垂钓，故着浮槎替入舟。
焉得思如陶谢手，令渠述作与同游。

杜甫《江上值水如海势聊短述》

这是一首七言律诗，“为人性僻耽佳句，语不惊人死不休”是千古名句，意思很好理解：我的性情是有一点怪僻和不入流，只是一味地喜好锤炼词语，力求写出真正意义上的好句子来。如果我的诗句不能把读者的心灵打动，不能让他们感到震惊，那我就是死也不甘心呀！这样严谨的、苦心经营的治学态度，让我们读过后不免为之感动。同时，诗人不甘落入窠臼，独立创新的创作理念也成为后代作家学习的典范。

清代的袁枚不无感慨地说：“文章当自出机杼，成一家风骨，不可寄人篱下。”黄庭坚更有“随人作计终后人，自成一家始逼真”的创作体会。作诗需要创新，对于一个国家来说更是如此。拘泥守旧，不求变革，社会的进步是无法实现的。历史上赵武灵王“胡服骑射”的法令使赵国开拓了千里的疆域，赵国一度成为“七雄”中最强有力的国家。正像罗曼·罗兰说的那样：“我创造，所以我生存。”纵观中国的近代史，清朝的夜郎自大、墨守成规、唯我独尊，使外国侵略者纷纷来犯；十年浩劫中那一味地封闭自己的做法也使人们的思想被禁锢起来。而党的十一届三中全会吹响了改革开放的号角，最终让中国的经济腾飞了，繁荣富强指日可待。雄辩的事实向我们证明了改革创新是多么的重要。综上所述，杜甫的诗和以上论据都可以被用于写作关于改革创新方面的议论文中。

执辔愈恭意愈下

七雄雄雌犹未分，攻城杀将何纷纷。
秦兵益围邯郸急，魏王不救平原君。
公子为嬴停驷马，执辔愈恭意愈下。
亥为屠肆鼓刀人，嬴乃夷门抱关者。
非但慷慨献奇谋，意气兼将生命酬。
向风刎颈送公子，七十老翁何所求！

王维《夷门歌》

在中学课本中就有一篇名为《信陵君窃符救赵》的课文，相信大家并不陌生，王维的《夷门歌》就是取材于这个历史故事，仅用短短的几句诗就把整个事件的缘起、高潮、结局交代得清清楚楚，可见王维运用语言的功力。

当秦国还未统一天下的时候，诸侯纷争，七雄争霸，战火频仍。秦国凭借大国之势进攻赵国，一时间邯郸告急，可是与赵相邻的魏国却持着观望态度而见死不救。魏公子信陵君与赵国平原君私交甚厚，他同时也预见到，若不救赵，魏国也必将遭到秦国的入侵。情急之下却苦于没有良策，于是在屠户朱亥的举荐下，找到了看守城门的老头儿侯嬴。并亲自前往求教，侯嬴在献出“窃符救赵”的妙计后，为感激公子的“知遇之恩”，在其临行前“向风刎颈送公子”。

“公子为嬴停驷马，执辔愈恭意愈下。”是对信陵君礼遇侯嬴的描写，魏公子竟为一个看城门的布衣之士亲自驾车相迎，而且对于侯嬴的傲慢则表现出愈加谦恭的态度，这在古代那种森严的封建等级制度下是难以想象的。而正因为信陵君的礼贤下士，珍爱人才，最终才得到了贤士的帮助。

东方朔曾言：“得士者强，失士者亡。”范仲淹也曾说：“得贤杰而治天下，失贤杰而天下乱。”可见古人对于人才重要性的深刻认识。但是有了贤才还不够，还要有能礼贤下士、知人善任的领导者才行。汉高祖刘邦在总结成功经验的时候曾说：“运筹帷幄，决胜于千里之外，我不如张良；安定国家，抚慰百姓，保证粮食的供给，我不如萧何；率百万之众，战必胜，攻必克，我不如韩信。这三人都是杰出的人才，我能善于任用他们，这就是我所以得天下的原因。”正所谓“择才不求备”。看来如果有了刘邦识才的慧眼，再加上信陵君珍爱人才的态度，那么必将如虎添翼，成功也就指日可待了。

时人不识凌云木

自小刺头深草里，而今渐觉出蓬蒿。
时人不识凌云木，直待凌云始道高。

杜荀鹤《小松》

这是一首寓意深长的小诗。松树的幼苗是那样的娇小，甚至低矮的野草都能把它遮蔽。但你看那又直又硬的刺，就知道它绝不是等闲之辈，“寄人篱下”只是暂时的现象。随着时间的推移，你再来看吧，果然今天已经长得高过了那些蓬蒿了。遗憾的是，只有小松长成凌云之木了，世俗的人们才会感叹这是个栋梁之材，而在蓬草之间的时候却无人可识，这难道不是一个悲哀吗？

以松喻人。千百年来，千里马常有而伯乐不常有。人们总是会给那些已经出人头地的人再加光环。很多真正的凌云之木都在幼小的时候被当作杂草一样地锄去了。如果世间多一些伯乐，多一些细心的园丁，多给幼苗浇水施肥，并耐心地培植，那今天成为栋梁之材的人岂不是会更多吗？

这首诗给我们论述如何珍爱人才时，提供了一个很好的论据。同时它给我们的启示是，今天我们正处于急需人才的年代，只有人尽其才，物尽其用才能保证国家的飞速发展。而现实中，大学生就业的严峻，使很多学哲学的研究生“炒”起了股票、学化学专业的毕业生办起了个体小卖店，学非所用，人才浪费的现象随处可见。这已经逐渐成了一个社会问题。如果我们能积极创造适合人才成长和发挥作用的宽松的环境，提高选择人才、利用人才的能力，那么有一天凌云木定会成林，我们的国家也将更加富强。

成由勤俭败由奢

历览前贤国与家，成由勤俭败由奢。
何须琥珀方为枕，岂得真珠始是车。
运去不逢青海马，力穷难拔蜀山蛇。
几人曾预南薰曲，终古苍梧哭翠华。

李商隐《咏史》

《咏史》是一首七律，是哀悼唐文宗的祭诗。唐文宗是一个以节俭著称的皇帝，李商隐在这里肯定了唐文宗的节俭，同时也感叹了他因为除奸不力最终忧伤抑郁而死的悲剧。

《韩非子·十过》中有这样一段："昔者戎王使由余聘于秦，穆公问之曰：'愿闻古之明君得国失国常何以（什么原因）。'由余对曰：'臣尝得闻之矣：常以俭得之，以奢失之。'"可见"俭成奢败"是历史规律。纵观历史，国家的兴亡，勤俭则成，骄奢则败，此是常规。

爱国华侨陈嘉庚先生曾说过这样一段话："在重庆，国民党花了八百元，大办酒席欢迎我。在延安，共产党就发一份两角钱的普通干部‘客膳’给我。八百元的酒席我实在咽不下；两角钱的菜我吃得香。一个浪费财力物力，一个节约财力物力，两方面的思想作风，真是天渊之别！中国的希望在共产党和毛泽东身上！”俗话说，得民心者得天下。简朴是对民之血汗的爱惜，人民怎能不支持拥护呢？秦始皇当年建造阿房宫的时候，花费大量人力物力，过着挥霍无度的奢侈生活，结果到秦二世的时候国家就灭亡了。唐玄宗为求美人一笑，冬天派人于数千里之外，用快马运送荔枝。声色犬马的生活最后招来了“安史之乱”，这显然又是一个国失于“奢”的例证。可见节俭是立国之本。读透读懂“历览前贤国与家，成由勤俭败由奢”中蕴含的深刻哲理，就能在相关主题的政论类作文中应用自如，甚至顺手用典以做论据，提升作文的思想内涵。

粒粒皆辛苦

锄禾日当午，汗滴禾下土。
谁知盘中餐，粒粒皆辛苦。

李绅《悯农二首（其二）》

这是一首妇孺皆知的名篇，也是唐诗的启蒙篇目之一，有着深刻的教育意义。在烈日当空的正午，农民仍在田间劳作，汗珠从脸颊上滚落，滴入泥土中。“谁知盘中餐，粒粒皆辛苦”，不是空洞的说教，而是以雄辩的事实给人一种警示。

这首诗可以作为我们写作关于勤俭这一论题的理论依据。勤俭一直是中华民族的传统美德，正因为我们现在所得到的东西都是劳动者用辛勤的汗水创造的，因此才更加值得珍惜。明代的清官海瑞常以“公以生为明，俭以养其廉”来自勉。四川的张立方同学也给我们提供了一段论证勤俭的精彩论据，在他的习作《简朴也是一种力量》中写道：“1936年，美国作家埃德加·斯诺采访了革命根据地延安，写下了闻名于世的《西行漫记》。在延安，他看到了毛泽东住在十分简陋的窑洞里；看到了周恩来睡在土炕上；看到了彭德怀穿的背心竟是用缴获的降落伞做的；看到了林伯渠的眼镜腿儿断了，用绳子系在耳朵上也还是将就着戴……斯诺从革命家简朴的生活上，发现了一种伟大的力量——‘东方魔力’。他断言这是兴国之道、胜利之本。”（摘自《中学生议论文写作大全》）无产阶级革命家对勤俭节约、艰苦朴素的优良传统的身体力行，不正是我们每一个普通人学习的榜样吗？

另一方面，对我们整个人类来说自然资源是有限的。勤俭节约实际上是以一个长远的目光，着眼于未来所做出的现实性的考虑。对于每一个人来说，如果挥霍无度就等于将自己的前途抵押了进去，必然自取灭亡。总之，与此有关的事例和论据还有很多很多，这里只是点到为止，希望能给大家一点思路上的启发。

难忘真情

每逢佳节倍思亲

独在异乡为异客，每逢佳节倍思亲。
遥知兄弟登高处，遍插茱萸少一人。

王维《九月九日忆山东兄弟》

农历九月九日，古称“重九”，又叫“重阳”。按照传统习俗，每到这一天，人们都要喝菊花酒，吃重阳糕，还要插着茱萸，就近登高。诗人离家去长安谋取功名的时候只有17岁，还是个孩子，他乡的生活是孤独和寂寞的，又正好赶上重阳节的到来。于是便自然地勾起了思乡的情怀，写下了这首抒情小诗。

独自一个人在他乡作客，生活孤独凄然，因而时时怀念故乡、思念亲人，每每到佳节良辰之时，思念之情便成倍地增长。我远在家乡的兄弟们，按照重阳的风俗而登高时，一定都佩戴着茱萸，当他们发现今年的登高少了一个人，定会感到失落和遗憾的，而我只能在千里以外遥望家乡了。

“每逢佳节倍思亲”，千百年来，成为游子思乡的名言，打动了多少离人之心。“参天之树，必有其根；环山之水，必有其源。”故乡，是游子魂牵梦萦的地方，也是游子心中最深最沉的牵挂。故乡，有我们熟悉的乡音，有醇厚的乡情，更有日夜思念的父母兄弟。古人抒写思乡题材的作品很多，如屈原有“鸟飞反故乡兮，狐死必首丘”的名句；陶渊明在《归园田居》中有“羁鸟恋旧林，池鱼思故渊”；杜甫有“安得如鸟有羽翅，托身白云还故乡”；白居易的《望驿台》中更有“两处春光同日尽，居人思客客思家”的感叹。思乡是人类的共同情感，同学们可以试着背诵一些游子思乡的名句，揣摩古人是怎样把这种感情抒发出来的，自己写作的时候就可以得心应手了。

床前明月光

床前明月光，疑是地上霜。
举头望明月，低头思故乡。

李白《静夜思》

这是一首被用来启蒙的唐诗，因其语言明白如话，通俗易懂，又是描摹人类共有的思乡之情，因此我们很小的时候就可以成诵了。

首句“床前明月光，疑是地上霜”，让我们想象到了这样一幅画面：诗人在他乡一人独自漂泊，对故乡的思念自不待言。在一个月光朗照的夜晚，诗人从梦中突然醒来，蓦然间，看到地面仿佛被一层浓浓的白霜覆盖。可是定睛一瞧，才明了，那是月亮透过窗子射在床边的银色光芒呀！披衣而起，抬头看看那柔和的月光吧，思乡的情思在那一刹那之间被牵动起来了。低下头来，进入了沉思状态之中，想到了乡里的月、家里的人，于是吟出了“举头望明月，低头思故乡”的千古名句，一仰一俯之间道出了无尽的乡愁。

故乡是我们生于斯、长于斯的土地，我们仿佛和她有着割舍不断的亲情，只有踏上故土才有真正回家的感觉。从这种意义上说，故乡又是我们心灵上的家园。大家都熟悉的电视剧《西游记》中有这样一个感人的场面。当皇帝为远行的唐僧送别时，亲手抓了一小撮土放在唐僧的酒杯里，语重心长地说道："宁恋本乡一捻土，莫爱他乡万两金啊！"刘邦《大风歌》中"大风起兮云飞扬，威加海内兮归故乡"更表现了在英雄得志时，衣锦还乡的荣耀与自豪。在游子心中，故乡就如养育自己的母亲一样，无论那里贫穷抑或落后，对她的牵挂和爱恋都永远不会改变。

与此诗一样抒写思乡之情的作品还有很多，如：江淹《别赋》"视乔木兮故里，诀北梁兮永辞"；柳宗元《闻黄鹂》"乡禽何事亦来此，令我生心忆桑梓"；李白《春夜洛城闻笛》"此夜曲中闻折柳，何人不起故园情"。这些名句我们都可以引用到自己的作文中来。

岂得安居不择邻

平生心迹最相亲，欲隐墙东不为身。
明月好同三径夜，绿杨宜作两家春。
每因暂出犹思伴，岂得安居不择邻。
可独终身数相见，子孙长作隔墙人。

白居易《欲与元八卜邻，先有是赠》

南北朝的时候有个叫作季雅的人，他花了一千一百金买了一个只值一百金的房子。在被人问起的时候他说：“百金买房，千金买邻。”原来他的邻居是当地著名的贤人，可见古人对择邻而居的重视。白居易的《欲与元八卜邻，先有是赠》就是白居易欲请求好友元八与之为邻而作的诗。

我们两个平时就是情投意合的朋友，有共同的志趣和爱好，都淡泊名利，渴望隐居。一旦为邻，每当月亮升起来的时候，让那清辉共照两户，两家共同沐浴在绿杨春色之中，那情景该有多好呀！人们暂时外出还想找一个合适的旅伴，何况想要在此定居下来，怎能不选择一个好的邻居呢？不但我们可以时常见面，“出入相友，守望相助，疾病相扶持”，就连以后我们的子子孙孙也可以和睦相处下去。

俗话说：“远亲不如近邻。”邻里和睦是中国自古以来的传统美德之一。和睦的邻里关系让我们彼此相处和交往的时候心情舒畅，如沐春风，也能让人在身处困境的时候真正地体会到人间的温暖与真情。

从另一个方面来看，这首诗中所说的择邻而居，说到底是选择一个好的人文环境。“蓬生麻中，不扶而直；白沙在涅，与之俱黑”的格言，孟母三迁的故事，告诉我们选择一个好的环境对一个人的成长起到多么重要的促进作用。古人说：“与善人居，如入芝兰之室，久而不闻其香，即与之化矣；与不善人居，如入鲍鱼之肆，久而不闻其臭，亦与之化矣。”1991年全国高考的作文就是关于“近朱者赤，近墨者黑”的思考。我们在阐明观点的时候就不妨引用这首关于择邻而居的诗，来增色我们的作文。

天涯若比邻

城阙辅三秦，风烟望五津。
与君离别意，同是宦游人。
海内存知己，天涯若比邻。
无为在歧路，儿女共沾巾。

王勃《送杜少府之任蜀川》

这是一首王勃供职长安时所作的送别诗，著名的原因在于他一改过去送别诗中难舍难分、黯然失魂的情感，而是与远行的朋友共勉，表现出诗人面对离别时的潇洒与坦然。

好友分别，千言万语也诉不清当时的感受，心中的失落与无奈相交织。“与君离别意”是什么呢？作者欲言又止，心情是复杂的，回想往日畅饮的情景，回想诗歌互答的场面，是何等的快乐！而如今，却要分别，伤感之情必然涌上心头。而王勃却随之转言“同是宦游人”，意谓彼此都是为了做官而远游四方的人，各奔前程，不可能常聚在一起，离别是难免的。但其实我和你都是一样的，我们都是远离故乡，在外做官，眼前的离别，只不过是客中之别，也没有什么值得感伤的。

“海内存知己，天涯若比邻”，奇峰突起，高度地概括了“友情深厚，江山难阻”的情景。曹植《赠白马王彪》：“丈夫志四海，万里犹比邻。恩爱苟不亏，在远分日亲。”此乃化用其意。古时五家相连为比。比邻，就是近邻的意思。人的一生，不知要面对多少这样的分别场面。伤感是无济于事的。过去的事情就不要再想了，最重要的是我们在交往过程中结下的珍贵的情谊，人海茫茫，知己难觅，有你这样的朋友，我已经很满足了。我们彼此了解，真心交流，即使远隔千山万水，也如同"近邻"一般。

同学或朋友之间分别时，一般都可以引用这句话。也可以用在记叙文体，题目为"毕业""分别""祝福""友谊"，议论文体，题目为"如何对待分别"等写作中。

月是故乡明

戍鼓断人行，边秋一雁声。
露从今夜白，月是故乡明。
有弟皆分散，无家问死生。
寄书长不达，况乃未休兵。

杜甫《月夜忆舍弟》

"安史之乱"造成的社会动荡，曾使多少家庭亲人离散，当时诗人杜甫的兄弟们就分散在不同的地方。战乱使他们失去了联系，但分离阻不断绵绵的思乡之情和手足间的挂念，就在一个月华如水的夜晚，诗人辗转难眠，披衣而起，对着月光吟出了这首传诵千古的《月夜忆舍弟》。

开篇交代了兄弟离散的原因，“戍鼓断人行”，是那咚咚敲响的战鼓让我们音信阻断呀。秋夜中孤雁的一声惨叫更让人心寒。算来今天已是白露了，举头望月，还是觉得故乡的月亮最明亮。我的兄弟们呀，你们都天各一方，我多想知道你们是否平安呀！可是家都不存在了，又去何处打探呢？平时寄书信给你们都经常收不到，又何况在战火纷飞的现在呢？

这首诗的第二句“露从今夜白，月是故乡明”，尤其值得我们好好地赏析一番。古人喜欢把月亮和故乡联系在一起，也许是因为满月给人合家团圆的感觉，更能激发起对故乡的思念之情吧。可是月亮只有一个，它的光是均匀地洒向人间的，它并不因为眷顾哪里就把光洒得更多一些。而在诗人的有情观照里“月是故乡明”。俗话说：“美不美，乡中水。亲不亲，故乡人。”他乡的月色再美也没有故乡的月亮明亮，从中我们能够体会到那深深的思乡的情怀。

抒发思乡的作品不只在唐诗中屡屡得见，就是在现代诗歌中也不乏其例。如席慕蓉的《乡愁》：“故乡的歌是一支清远的笛/总在有月亮的晚上响起/故乡的面貌却是一种模糊的怅惘/仿佛雾里的挥手别离/离别后/乡愁是一棵没有年轮的树/永不老去。”余光中也有一首名为《乡愁》的诗：“小时候/乡愁是一枚小小的邮票/我在这头/母亲在那头/长大后/乡愁是一张窄窄的船票/我在这头/新娘在那头……”这些诗曾经轻而易举地叩开多少游子心底那扇从未关紧的思乡之门啊！

劝君更尽一杯酒

渭城朝雨浥轻尘，客舍青青柳色新。

劝君更尽一杯酒，西出阳关无故人。

王维《送元二使安西》

安西是西北边疆的一个都护府。好友元二就要出使到人烟稀少的边疆安西去了，诗人王维在渭城为之送别，因此这首诗又叫《渭城曲》。

这是一个细雨蒙蒙的清晨，小雨刚刚打湿地上的尘土就停了下来，顿时觉得天朗气清，看看那远处错落有致的客舍也被新生杨柳染成新绿。这样一幅明朗的画面让人觉得清新舒适，可见诗人在刚刚送好友上路的时候心境还是不错的。可是不知不觉到要真正分别的时刻，心理忽然发生了变化，于是吟出了“劝君更尽一杯酒，西出阳关无故人”，道出了依依惜别之情：朋友呀，临行之前再干了这一杯吧，要知道你再往西走，出了阳关，就再也听不到我们旧日老友的欢声笑语，再也没有老友可以互相倾诉衷情了呀！

总是在送别的时候才觉得友谊弥足珍贵，在交通不发达的古代，一旦分别，关山阻隔，音尘断绝，很难再聚。这就是为什么柳永能写出“执手相看泪眼，竟无语凝噎”的佳句，李清照之所以有“人何处，连天芳草，望断归来路”的那种望眼欲穿的相思。

临行的那一杯酒里蕴含着多少丰富的感情啊！有对朋友的惦念与嘱托，有对朋友的祝福与希望，更有对朋友的不舍与相惜。想借这杯酒多留一会儿远行的朋友，哪怕多说一句话也是好的呀。听着当代流行歌手田震用那略带嘶哑的嗓音唱起那首《干杯朋友》："朋友你今天就要远走/干了这杯酒/忘记那天涯孤旅的愁/一醉到天尽头/也许你从今开始的漂泊再没有停下来的时候/让我们举起这杯酒/干杯呀朋友……"我们的心也仿佛沉醉在那送行的悲伤氛围中，也许词作者的创作灵感就来自王维的这首《送元二使安西》吧。

莫道桑榆晚

人谁不顾老，老去有谁怜？
身瘦带频减，发稀冠自偏。
废书缘惜眼，多炙为随年。
经事还谙事，阅人如阅川。
细思皆幸矣，下此便翛然。
莫道桑榆晚，为霞尚满天。

刘禹锡《酬乐天咏老见示》

年老多病，体力大不如从前，头发稀少，帽子也因此而偏斜不稳。为了保护视力模糊的双眼已停止了读书，为了延长寿命也经常去针灸看病。然而，人老了，经历的事多了，了解人情世故就像观看山川那样清清楚楚，仔细思量似乎也可聊以自慰了。不要说日在桑榆，天色将晚，看那满天的彩霞，映红天边，难道不也是一种美吗?

乐天，是白居易的号。白居易曾赠给刘禹锡一首名为《咏老赠梦得》的诗，里面表现出对衰老无可奈何的消极与悲观。于是，刘禹锡写了这首诗来作答。围绕“老”字着笔，谈到老的短处和长处，一反叹老嗟病的悲观消极情绪，表现出老当益壮的精神境界。

当然，这句诗可以为我们歌颂那些人至暮年仍发挥余热的老年人提供了一个好的论据。青年是增长才智的时期，老年是运用才智的时期。老年人往往比青年人多了一分沉稳，多了一分理性，多了一分睿智，更有对人生的独特的体会和感悟。苏霍姆林斯基曾说过:“如果你能非常尊重老年人的智慧，那么你在生活中将不会由于生活上的无知，过于自信和不谨慎而做出蠢事。”这正好与中国的一句俗语意思相近:“不听老人言，吃亏在眼前。”

莫愁前路无知己

千里黄云白日曛，北风吹雁雪纷纷。

莫愁前路无知己，天下谁人不识君?

高適《别董大二首（其一）》

“多情自古伤离别”，是人们都有过的情感体验，让我们看看诗人高適是怎样看待与友人的分别的。

诗的开篇是对送别环境的描写，这是一个大雪纷飞的黄昏，滚滚浓云被沉入其中的落日染得呈现一片昏黄颜色，北风的呼啸和远空中大雁的悲鸣入耳惊心。这样萧索的环境正好契合了送别的悲凉情绪。当一个人远走他乡的时候，心中难免有孤独之感。前路漫漫，未来难以预料，告别了熟悉的环境和亲朋好友，寂寞和苦楚都将独自品尝。高適正是体察了友人分别时那种既不忍离去又对前程充满担忧的心理，安慰道：不要担心前路上遇不到知音，凭你的才学和为人，一定能得到有识之士的赏识，四海之内皆朋友呀！

友情是人间至纯的情感，人生中我们往往有孤独和寂寞的时候，朋友就像一眼温泉，时时给我们孤寂的心灵以温润的慰藉。平日里我们尽情品尝着友情的甘醇，而在分别的时刻方知道“珍惜”这两个字的含义。我们在王维的“劝君更尽一杯酒，西出阳关无故人”中体会到了什么是情深意长，但它未免流于悲哀，太消极了些，诗人高適给了友谊以新的诠释，朋友远去自然让人失落万分，但在高適的“莫愁前路无知己，天下谁人不识君”中我们却看不到丝毫的哀怨情绪，友情在诗人看来不只是一味地不舍与牵挂，更在于心理上的支持和鼓励。于是在这里，豪迈洒脱取代了缠绵悱恻，压倒了儿女情长，让人看后精神为之一振，增加了朋友独自前行的信心和勇气。他必将带着高適的嘱托上路，笑迎风雨，搏击风浪。

在写关于送别题材的作文或在毕业的留言册上，不妨引用这首诗，给愁苦阴郁的送别画面增添几分亮色。

人间重晚晴

深居俯夹城，春去夏犹清。
天意怜幽草，人间重晚晴。
并添高阁迥，微注小窗明。
越鸟巢干后，归飞体更轻。

李商隐《晚晴》

诗人在一个初夏的傍晚，凭高远眺，看到久雨后的天空忽然放晴，万物顿觉增彩生辉，生长在幽暗处而久遭风雨洗礼的小草，在余晖的照耀下舒展起来，夕阳的余晖流注在小窗上，也把雨水打湿的鸟巢晒干，飞鸟体态轻捷，喜归巢穴。这是多美的一幅晚晴图呀！更可贵的是诗人在这里巧妙地融进了自己独特的心理感受，叹道“人间重晚晴”，赋予“晚晴”特殊的人生含意。人们常常因晚晴的美丽如昙花一现，匆匆即逝而感到惋惜。这首诗中却只强调“重晚晴”，丝毫没有悲观情绪，字里行间中看到的，只有诗人对生活的热爱和对人生乐观、积极的态度。

“天意怜幽草，人间重晚晴”，这句诗除了可用于形容黄昏时美丽的景色外，今天还被人赋予了新的含意。在我们的写作中，如果把诗中的“重”理解为“尊重”，那么也可以在写尊老敬老题材的文章的时候引用它。老人是社会中一笔宝贵的财富，尊敬老人也是中华民族的传统美德，这方面的例子也很多。如中国古代的二十四孝的故事，张良为老人系履的传说，乃至于今天的九九重阳老人节的风俗……另一方面，“重”也可以理解为“看重”的意思。老年人应在晚年保持操守和晚节，同时也不应忽视自身的修养。“老有所乐，老有所为”，也是如今老年人的生活准则。

古来存老马

江汉思归客，乾坤一腐儒。
片云天共远，永夜月同孤。
落日心犹壮，秋风病欲苏。
古来存老马，不必取长途。

杜甫《江汉》

杜甫的一生是屡经磨难的，少年不得志，老境更颓唐。也许是诗人的亲身经历所致，他的诗沉郁顿挫，但却哀而不伤，从中我们更多看到的是被生活磨砺出的不灭的意志。《江汉》一诗就是这种风格的典型代表。

此诗是大历三年（768），诗人流寓江陵、公安等地，路过江汉时的作品。步入暮年，体弱多病，远离家乡，无根的漂泊，穷苦的生活使诗人感慨万千。读了这首诗，我们仿佛看见了秋风瑟瑟的江边，一位白发苍苍的老人独自伫立，看到那浩渺无际的江水，感叹自己就像天上那轮孤悬的明月，孤独悲哀，无人可以倾诉苦闷。读到这里，我们的心也好像蒙上了一层浓雾，被诗人的愁绪所感染。但诗到结尾语意陡然一转，让人眼前一亮。“落日心犹壮”，这与曹操的“烈士暮年，壮心不已”如出一辙。那种身处逆境，但“痴心不改”的精神颇让人感动。“古来存老马，不必取长途”，更是抒发了老当益壮的情怀。《韩非子·说林上》载：“桓公伐孤竹，春往而冬返，迷惑失道。管仲曰：‘老马之智可用焉。’乃放老马而随之，遂得道焉。”这就是成语“老马识途”的来历。在这里诗人用“老马”自喻。自古以来之所以看重老马，原不是要它奔跑长途而是要取其智慧，老马虽然就脚力而言，不能奔驰远道，但自有识途的经验，隐含的意思为，我这个有着丰富人生阅历和经验的人还是能为国家尽一分力的。

“古来存老马，不必取长途”这一名句，恰好可以为我们论证老年人的价值提供理论上的论据。的确，老人的经验是留给年轻人的一笔财富。谈到这里不由得又想到了这样一个故事：古时有个国王认为老人无用，就定了一个法令，把60岁以上的人都处死。一位大臣却把自己的父亲藏了起来。后来强大的邻国前来挑衅，派使者带来一个有一千斤重的怪物，并声称，如果有人能够降伏它就不来攻打了。国王于是通告全国，悬赏求计。只有大臣的父亲想出了办法，叫儿子找来一只九斤重的狸猫，果然降伏了怪兽。大臣因此被加官晋爵。当然，这个故事的真实性是值得怀疑的，但它却说明了老年人在社会中的价值，老人在社会中发挥的重要作用可见一斑。

慈母手中线

慈母手中线，游子身上衣。
临行密密缝，意恐迟迟归。
谁言寸草心，报得三春晖。

孟郊《游子吟》

古往今来，母爱是一个永恒的主题，为无数名人大家所吟咏，而其中堪称经典的首推孟郊的《游子吟》。

我们眼前仿佛呈现这样一个生活场景：昏黄的灯光下，一位满头银发的老母亲，眼睛花了，皱纹布满了她的额头和鬓角，双手微微颤抖，一针一线地在为儿子缝制着临行的衣装。缝了一针又一针，连了一线又一线，密密的针线缝上的是母亲对儿子的牵挂，虽然还未到分别时刻，心里想的却只是盼儿早归。小草在阳光的普照下，萌芽破土，欣欣向荣。对于春天阳光般的母爱，像小草一般的儿女心，又怎能报答于万一呢？整首诗中我们看不到一滴眼泪，也听不到一句叮咛。然而，字里行间中，依稀可见“母爱”这两个始终伴我们成长的金光闪闪的大字。

孟郊的诗往往追求奇险，力避平俗，而这首诗却写得朴素自然、通俗浅近，表达的感情真挚、恳切、动人。正因为这是一种根植于所有人内心深处的情感，又是我们日常生活中经常能够看到的画面，所以这首诗才能拨动读者的心弦，催人泪下，感人肺腑。

这就告诉我们无论是记叙描写还是议论说理，文中都无须刻意求工，只要倾注真情实感，语言自会流光溢彩。朱自清的《背影》没有什么华丽辞藻的堆砌，为什么能打动人心？因为真情本身就是最有力的武器！

凭君传语报平安

故园东望路漫漫，双袖龙钟泪不干。
马上相逢无纸笔，凭君传语报平安。

岑参《逢入京使》

天宝八年（749），诗人岑参往西域赴任，漫漫西途，茫茫苦旅，使诗人担负了沉重的困顿之感和复杂的思乡之情。不料途中与入京的使官相遇，一归一往的交错之别更牵动了诗人的情愫，感慨之余作《逢入京使》。

前两句应属无言之语，西行路上的巧遇，让诗人百感交集，未曾开口，一“望”一“泪”已现其无限情语，可谓“千头万绪，尽在不言之中”。一“望”，说的是离乡万里、长途未尽、归途无期的伤感；一“泪”表的是思乡眷亲、孤苦寥落的离愁。此句也为后两句做了铺垫：“马上相逢无纸笔，凭君传语报平安。”既是写实，又是顿挫，马上又没有纸笔，写家书不成又心情急切，只好传个口信，语真情真，眼前景，口头语，心中情，融为一体，真所谓“人人胸臆中语，却成绝唱”（沈德潜《唐诗别裁集》）。

尤其后两句的表达，看则平实，读则顺畅，品则感同身受，诗人用写实之句表真情实感的写作之长确是我们应该借鉴和学习的。说理文章要“以理服人”，记叙性的文章要“以情感人”。写作文章必出于实感，有感而发的文章，往往就能真正抓住读者的心。同学们写作时往往会陷入这样的误区，以为文章要感动人就要靠离奇的情节和华丽的辞藻。其实恰恰相反，如果能从自己周围的事物或是自己亲身经历的事情中去找素材，即使是用最朴实无华的话语描述出来，因为有人类最真实的情感在里面，也会很有感染力的。

人物塑造

老人七十仍沽酒

老人七十仍沽酒，千壶百瓮花门口。
道傍榆荚仍似钱，摘来沽酒君肯否？

岑参《戏问花门酒家翁》

这是岑参在离开边塞回到凉州时，在路边看到老翁沽酒的场景所写的一首富有生活情趣的小诗。岑参由于长期在边塞生活，经历的都是边塞的战争和动乱，因此心情一直抑郁沉闷。来到凉州后，一路上看到人们的生活较为安定，加上天气晴朗，阳光明媚，心情也顿时明朗起来。这首诗的字里行间就是诗人愉悦心情的体现。

“老人七十仍沽酒，千壶百瓮花门口”，这是作者的所见。此时路边的花门楼前酒店，一个老翁正热情地为过往的客人倒酒。这样的场景正是诗人在边塞少见的民俗风情。因此，作者怎能不停下来坐一会儿呢？“道傍榆荚仍似钱，摘来沽酒君肯否”，这句诗是作者与老翁开了个玩笑。用道旁的榆荚与铜钱的形状类似这一特点来问老翁：“用这一串串的榆荚来买你的酒，可以吗？”

读罢全诗，我们会感到一阵朴素的民风扑面而来。老翁沽酒的生动刻画是这种风情的一个方面；另一个方面，则体现在诗中的语言运用上，口语化的语言是这首诗独特的风格。

在中学生写作中，往往有这样一种观念。那就是学生们认为写作是书面的形式，因此在写作中使用的语言也必须是书面的语言。其实这种观念是不正确的，我们看任何问题，都不能绝对化，不能教条。在作文中，所运用的语言要根据所表达的内容和中心决定。例如，本诗中描写的是民俗风情，如果采用正式的书面语，会使全诗很不和谐。反之，在比较正式的辩论文或公文中，如果采用诙谐的口语也是不得体的。

在中学生的作文中，如果所表现的内容和人物形象是大众的，民俗的，那么，采用口语化的语言要比书面的语言效果好。口语化的语言可以使文章诙谐、幽默，有亲切感。例如，著名作家老舍就是以平民化的语言著称。他的《四世同堂》《茶馆》《骆驼祥子》等，都是在嬉笑怒骂中表现主题，京味儿十足的口语化语言给人们留下了深刻的印象。

君自故乡来

君自故乡来，应知故乡事。
来日绮窗前，寒梅著花未？

王维《杂诗三首（其二）》

这是一首表达思乡之情的小诗。“君自故乡来，应知故乡事”，诗的开头直接发问，表达出急切的心情。在外的长期漂泊，使他对故乡的思念之情一日深比一日。现在，好不容易碰到一个从故乡来的人，他很心急，一定要问问现在家里如何了。开头的直接发问就将这种迫不及待的心情生动地表现了出来。“来日绮窗前，寒梅著花未?”这句诗是作者的巧妙用笔。按常理来推想，我们无法知道这个人要问什么，但我们知道是一定有很多的事情要问的，如家中的妻儿老小的身体如何，家中发生了什么重要的事情，或者问其他的乡邻亲戚是否都好。可是，诗人对这些内容只字不提，而是从这些常规的思维中跳出来，问了一句：“家中窗前的那株梅花开花了没有?”乍听这句，给人一种对人情冷淡的感觉。但仔细体味，我们就会发现，这正是对家乡日夜思念的体现啊！诗人抛开那些重要的事情，只是提到了梅花开否这样的小事，这就将这个人对家中事事挂念、事事在心的细节表现出来。也正是这一问，让读者从那特定的“寒梅”形象中仿佛看到了诗人故乡的一草一木、父老乡亲、风土人情，领悟到他那浓浓的思乡之情。

生动而又质朴的语言是这首诗取胜的原因之一。诗人没有用景物描写来渲染，也没有用强烈的对比来表现，而是全用口语化的语言来进行白描。这既符合表现乡情的气氛，又为刻画人物的内心感情增添了一份真实感。

在中学生的作文中，语言的运用是文章优秀与否的一个重要参考。一般说来，语言表达的基本标准是规范、简明、连贯和得体。语言的规范是指在运用语言时要符合人们已经约定俗成的，被人们共同使用的语言。在一些中学生中，有时出现生造词语的现象，这就是不符合规范的。一篇优秀的作品，如果它的语言是生僻的，人们无法理解的，那么何谈优秀呢?

例如，在中学生的作文中出现这样的话：“基本功练好了，就为写作打下了实硬的基础。”在这里，“实硬”就是生造词语，改为“坚实”为佳。像这样的例子在一些中学生的习作中常见。因此，这里提出这个问题以引起同学们的重视。

少小离家老大回

少小离家老大回，乡音无改鬓毛衰。
儿童相见不相识，笑问客从何处来。

贺知章《回乡偶书二首（其一）》

古代读书人为了追求功名或是被生活所迫，在年轻的时候就背井离乡。加之那时交通不便，一旦与家乡万山阻隔便很难回归故里。于是许多漂泊异乡的游子暮年之时常常会有“落叶归根”的夙愿，阔别家乡多载，一旦归来，感慨万千，便有了贺知章的《回乡偶书》。

“少小”与“老大”形成了鲜明的对比，在时间的长河中，人的一生实在是太短暂了。诗人离开故乡的时候还是风华正茂的少年，可是归乡之时已是年过八旬、两鬓苍苍的老翁了。时间的流逝也抹不去故乡刻在自己身上的永恒的烙印——乡音。看到这熟悉的环境，听到这世间最美的乡音，终于可以再抓一把故乡的泥土，闻闻那沁人心脾的清香。终于可以再饮一杯故乡的酒，让酒杯中承载自己浓得化不开的思乡情……有多少往事就在入乡的一刹那一起涌上心头。这时诗人的感情是复杂的，有游子回归母亲怀抱的欣喜，又有人生易老、世事沧桑的感慨。

如果说前两句是诗人的自画像的话，那么后两句却转为了一个颇富戏剧性的场面描写。几个活泼可爱的小孩子出现在视线中，开始还让诗人感到亲切，可是他们却如陌生人一样上下打量着诗人，最终发出天真的一问："你是从哪里来的呀?"这无心的一问无疑给了诗人沉重的一击："我念念不忘故乡，可是故乡还记得我吗?"全诗在有问无答中作结。而这一问后带来的诗人反主为宾的复杂的内心情感变化是可以想见的，真可谓"言有尽而意无穷"。

反观这一问句，非常有生活的气息，而且也很真实，幼小的孩子当然不认识站在面前的老爷爷是谁，有口无心地发出疑问当然也很符合孩子的天真无邪的心理。古诗中的语言描写是不多见的，而这首诗的高明之处正是借这一朴实无华的语言描写来反衬诗人自己对人生易老、世事沧桑的感叹。这也正是我们在写作中真正可以借鉴的地方。第一，要学会巧妙地用语言来侧面表现描写人物的性格和内心的变化。第二，语言描写切记真实，源于生活符合人物的身份。

春风得意马蹄疾

昔日龌龊不足夸，今朝放荡思无涯。
春风得意马蹄疾，一日看尽长安花。

孟郊《登科后》

这是孟郊在两次落第后，终于金榜题名时的一首即兴小诗。

两次落第，一朝成功的喜悦之情溢于言表。作者在此时并没有考虑言语的表达，也没有文辞的修饰，完全是真情流露，自然而成。而这种浑然天成的流畅感正是这首诗的动人之处。

中学生的作文中，没有感动而“挤出”感动的情况时有发生。学生们为了完成作业，或者为了得到高分，往往将真实情感隐藏，而去迎合考试或者是老师的要求。这样的结果就是使得有些中学生的作文具有一种不真实感。

例如1998年的高考作文《战胜脆弱》，在写这个命题作文时，竟有70%的学生写了父母离异后自己的痛苦。这样的千篇一律不能不说是作文教学的一个失败。其实，不但作文中的出发点应该是真情实感，而且，写作的乐趣和作用都在于表达出自己的真实情感。在读过孟郊的这首诗后，同学们可以领略到真情实感自然流露的感人之处。

这首诗着重对一个读书人登科之后的极度兴奋的心理进行了细致的刻画。我们知道，优秀的心理描写能使文章动起来、活起来，使文章更具人性化的特点。而自然流露则是心理描写最基本的要求。正如这首诗一样，作者不考虑语言，不推敲文辞，即兴而作，反而使它更加真实可信。因此，中学生在描写心理时，要将真实的心理描写出来，不要刻意去掩盖，用虚伪的言语来修饰会适得其反。

垂死病中惊坐起

残灯无焰影幢幢，此夕闻君谪九江。
垂死病中惊坐起，暗风吹雨入寒窗。

元稹《闻乐天授江州司马》

这是一首描摹心理活动的好诗。诗人元稹和白居易的私交甚厚，有共同的志趣和爱好。这首诗的创作背景是诗人被贬他乡又身患重病之时，忽然听到好友白居易蒙冤被贬九江的消息，先是“惊坐起”，然后便悲从中来。当我们心绪不宁或是听到坏消息的时候，会觉得眼中的景物都好像镀上了灰色，这是心理作用。此时元稹看到的景象是：灯火忽明忽暗，灯影胡乱地摆动，马上就要熄灭了。寒风把雨吹进窗子里来，屋子里一片凄凉。尽管没有表达感叹和痛心，可是作者那种惋惜、愤懑、低落的心境，通过这凄凉的情景表达得更加直观，读来不免痛彻心扉。真是“一切景语皆情语呀”！

同学们在写作中一提到心理描写，往往不是作空泛的议论就是直接写内心激烈的思想斗争，不但不能为文章增色，有时反而让人觉得不真实。而我们要从这首诗中借鉴的是要表达某种心理状态的时候，不一定仅仅用“我想”“我认为”这样生硬的词语，完全可以运用自然景物衬托来写心理。除此之外，心理描写的方法还有很多种，如内心独白、幻觉描写、借助动作描写来衬托心理等。总之，用上述种种方法写作时，要注意的是每个人的经历、性格都不相同，因此每个人的心理和表达心理的方式也不同，只有把这种“不同”表现出来，才能展示人丰富复杂的内心世界。

心有灵犀一点通

昨夜星辰昨夜风，画楼西畔桂堂东。
身无彩凤双飞翼，心有灵犀一点通。
隔座送钩春酒暖，分曹射覆蜡灯红。
嗟余听鼓应官去，走马兰台类转蓬。

李商隐《无题二首（其一）》

这是李商隐的一首爱情诗。全诗以作者的心理活动为主，表达出作者与一位女子之间的动人爱情。“身无彩凤双飞翼，心有灵犀一点通”，是历来为人们所传诵的名句。这句用比喻的手法把作者内心活动表达出来：虽然他们没有双翼可以飞到彼此身边，但是，他们却像传说中的犀牛角一样心灵相通。接着，作者想象出他们在酒宴上笑语喧哗的场景。“隔座送钩春酒暖，分曹射覆蜡灯红”，因为在酒宴上，他可以见到爱人，所以兴致极浓。“嗟余听鼓应官去，走马兰台类转蓬”，可就在这时，鼓声响起，上班应差的时间到了，作者的想象被打断，只好去匆匆上岗了。

巧妙的心理描写是这首诗的主要特色。通过细腻而又包含想象的心理活动，作者的一片痴情真切地呈现在读者眼前，淳朴而亲切。

在中学生的作文中，心理描写是众多描写方法中使用较多的一种方法。那么，在刻画人物的心理时，要注意哪些方面呢？在心理描写时，一个最基本的前提就是人物的心理活动要与人物的身份、年龄和性格特点相符，要与发生的具体情景相符，要与所表达的内容相符，等等。只有这样，才能使心理描写真实可信，同时拉近与读者的距离。高晓声在短篇小说《陈奂生上城》中，当主人公陈奂生在车站卖完油绳生病的时候，对他进行了一段心理描写：

> 他只得找个位置坐下，耐性受难。觉得此番遭遇，完全错在忘记了带钱先买帽子，才受凉发病。一着走错，满盘皆输；弄得上不上、下不下，进不得、退不得，卡在这儿，真叫尴尬。万一严重起来，此地举目无亲，耽误就医吃药，岂不要送掉老命！可又一想，他陈奂生是个堂堂男子汉，一生干净，问心无愧，死了也口眼不闭；活在世上多种几年田，有益无害，完全应该提供宽裕的时间，没有任何匆忙的必要。想到这里，陈奂生高兴起来……

从这段心理描写中，我们可以感到，这正是一个有点迷信却一生靠双手吃饭的劳动人民真实的内心世界的生动写照。心理描写真实、自然，符合主人公的身份和性格特征。

为他人作嫁衣裳

蓬门未识绮罗香，拟托良媒益自伤。
谁爱风流高格调，共怜时世俭梳妆。
敢将十指夸针巧，不把双眉斗画长。
苦恨年年压金线，为他人作嫁衣裳。

秦韬玉《贫女》

这首诗是以内心独白的方式来描写贫女困苦的生活。首联，直接入题，表明贫女的直率性格。由于贫困，这个少女从来没有看过华丽的衣裳。虽然现在已是待嫁的年龄，可是却没有媒人来保媒。如果自己去托人说媒，会感到很伤心。“谁爱风流高格调，共怜时世俭梳妆”，因为现在的年轻人都追求时髦和富有，谁会来怜惜我这个贫家女呢？虽然我不同流俗，可是又有谁来欣赏呢？就自己的情况而言，不仅心灵手巧，而且朴素自然，从不愿与别人争妍斗艳。可是这样的高洁的品质却无人能识，岂不可悲？“苦恨年年压金线，为他人作嫁衣裳”，一年一年地压线刺绣，可都是为他人作嫁衣！从诗的最后，我们可以看出贫女内心的痛苦。在长年的辛苦劳作之后，她把内心压抑已久的郁闷终于发泄出来，给人不小的震撼。

在中学生的作文中，尤其是人物性格的塑造上，内心独白值得一试。它直接、真实，情感充沛，能够给人以震撼，引起读者共鸣。例如这首诗，通篇是内心独白。独白本是戏剧、电影中常常出现的表现方式，由其中的角色独自抒发或表达个人的情感和愿望。后来，经过一定的发展和演变，独白的形式逐渐在文学作品中出现，而且发挥了一定的作用。在许多优秀的文章中，特别是表现人物性格时，内心独白是很好的表现形式。例如在郭沫若历史剧《屈原》中，屈原的那一段独白，可以说是惊天地、泣鬼神。它深刻地表现了屈原的高尚的道德情操和高洁的人格，并且，深深地打动了读者。

近乡情更怯

岭外音书断，经冬复历春。
近乡情更怯，不敢问来人。

宋之问《渡汉江》

这是诗人遭贬后，归逃途中，途经距离家很近的汉江之时所写的一首诗。贬居岭南的诗人离家万里，且冬去春来，断绝了与家人的书信往来已经好长时间了。自己在外处境艰辛，情感上的苦闷更是无人可以倾诉，而家人是否安康也一直是心头的牵挂。现在到了汉江，终于离家越来越近了，可是却越发地不敢打探家里的消息。

这首诗的特色是心理上的刻画十分细腻。李瑛评说这一句是："以反笔写出了苦况。"从心理上来讲应该是久居他乡急欲探听家里人的消息，好像应该改成"近乡情更切，急欲问来人"才对。但是在这种特定的遭贬的情境下，诗人的思想与环境处于十分矛盾和对立的状态。一方面担心家人因为自己受拖累，另一方面又思念心切，真怕路上遇见的某个人会告诉自己家人有了什么变故而无法与之团聚的消息，这种心理是很真实的，也是人们所能够体会和理解的。

心理描写是指用语言文字对人物的内心世界、思想道德品质、个性性格特征所进行的描写。正因为人的心理变化是复杂的，所以表现人物的心理也应该是不拘一格的。但要注意以下两个方面：第一，写人物的心理活动，应写特定的人物在特定的环境中必然产生的心理活动，如大雪寒天里，一般人想的是驱寒取暖，快出太阳，这是人本能的常态的要求。可是特定的人物在特定的环境中，就不一定如此想。如孩子们用了三个小时在雪地里堆起了一个漂亮的雪娃娃，在这种情境下，他们一定希望天越冷越好，雪人能永远冲他们微笑才好。所以在此刻，孩子们的心理是与常态心理不同的，他们已经把寒冷忘记了。第二，写心理活动，要努力写人物细微的感情波澜和复杂的心理变化过程。例如高尔基的《母亲》最后一章所写尼洛夫娜发现暗探时一刹那的微妙的心理变化，从动摇、害怕，再到内心冲突，最后到坚定、沉着，每一环节都刻画得细致入微，给人一种真实感，这一点是难能可贵的。

行到水穷处

中岁颇好道，晚家南山陲。
兴来每独往，胜事空自知。
行到水穷处，坐看云起时。
偶然值林叟，谈笑无还期。

王维《终南别业》

王维，字摩诘。苏轼曾说过："味摩诘之画，画中有诗；味摩诘之诗，诗中有画。"苏轼相当精辟地概括了王维"诗画合一"的诗歌创作特征。这首《终南别业》就是其中最具有代表性的一首。

这首诗描写的是诗人半隐居状态下的悠闲生活。王维中年以后开始信奉佛教，晚年就在南山安家，每当兴致来的时候，诗人就独自漫游于山间，感受着欣赏自然景物的乐趣。当不知不觉中走到水流的尽头的时候，索性席地而坐，看看天上云卷云舒，备感轻松自在。巧得很，正好山中的老翁经过这里，于是两人便调侃起来，谈笑中竟忘记了回家的时间。

"行到水穷处，坐看云起时"，这一句通过"行""坐""看"这几个动词，就把诗人闲适、安逸、怡然自乐的情怀自然地表现出来。黑格尔在《美学》中说："能把个人的性格、思想和目的最清楚地表现出来的是动作，人的最深刻方面只有通过动作才能见诸现实。”可见行动描写是反映人物思想、性格、心理等的有效手段之一。成功的动作描写往往给人留下极为深刻的印象，孙悟空的抓耳挠腮，孔乙己的“排出九文大钱”，都是成功的动作描写的范例。那么，怎样才能把它写好呢？

鲁迅先生的小说《药》中有这样一段描写：“华大妈在枕头底下掏了半天，掏出一包洋钱，交给老栓，老栓接了，抖抖的装入衣袋，又在外面按了两下；……”在这里，有一系列的动作描写：“掏了半天”，“抖抖的装入”，“按了两下”，从中我们可以看到老栓夫妇谨小慎微的性格特征，以及他们对辛苦积攒下的钱能够换成“救命的药”的那种笃信和期待。正是这一连串的动作描写突出地反映了他们的心理状态，才让读者为他们的愚昧和无知感到悲哀，同时也会寄予深深的同情。这就告诉我们选择动词精当、准确，并善于抓住细微的动作来写才能刻画得细腻，显得生动形象。

轻罗小扇扑流萤

银烛秋光冷画屏，轻罗小扇扑流萤。

天阶夜色凉如水，坐看牵牛织女星。

杜牧《秋夕》

这是一首描写宫女的诗。诗中对宫女所处的环境及宫女的动作、情态等进行了描写。首联，作者用银烛、秋光、冷画屏

这些冷色调的景物来渲染气氛。此时的宫女正是孤单一人，凄凄冷冷。她没有人陪伴聊天，只好一个人拿着小扇扑打流萤。这里，作者给读者一个暗示，那就是现在已是秋天了，流萤已经基本消失了，可是宫女还拿着扇子来扑打，说明她百无聊赖。同时，也暗示出失宠的她，命运就像这流萤一样来去匆匆。尾联“天阶夜色凉如水，坐看牵牛织女星”，作者运用了情态描写，即以宫女抬头望天这一情态定格，仿佛时空都静止在此刻，而这一切又是宫女心理的生动写照。此时的她，仰视着夜幕中的牛郎与织女星，不禁浮想联翩。从这里我们可以看到她对真正爱情的那份强烈的渴望。

在这首描写人物的诗中，中学生可以从中学习如何运用各种方法来刻画人物。如在这首小诗中，采用了景物渲染、动作描写、情态描写及心理描写等多种方法。这些方法组合在一起，就将宫女失宠后孤独悲凉的生活呈现出来。中学生在描写人物时，可以借鉴这种将多种方法综合在一起的手法，使各种方法发挥各自的作用，最终达到淋漓尽致地表现人物的效果。

游童陌上拾花钿

新词宛转递相传，振袖倾鬟风露前。
月落乌啼云雨散，游童陌上拾花钿。

刘禹锡《踏歌词四首（其三）》

胡震亨在《唐音癸签》中评价刘禹锡的乐府诗“开朗流畅，含思婉转”，《踏歌词》正是这种风格的典型。

这首诗描写的是当时的四川民俗。每到春季，未婚的男女青年都要在一起聚会，载歌载舞，对歌互答。年轻的姑娘和小伙子们轮番唱起婉转动听的歌曲，姑娘们抖动着长袖，乌黑的长发也在翩翩起舞之时倾散下来。夜幕降临，曲终人散，人们尽兴而归。第二天早晨，你会看到村里的孩子们在昨天对歌的场地上拾取着姑娘们头发上散落下来的花钿。

在“月落乌啼云雨散，游童陌上拾花钿”这一句中，诗人通过对“游童”拾“花钿”这一片段的描写，从侧面烘托了昨夜尽情歌舞的热闹场景。侧面描写就是通过对周围的人物和景物的描写来渲染所要表现的中心对象。恰当的侧面描写往往比正面叙述更能够引发读者的想象，激发读者的联想，从而使文章具有广阔的表现空间。

我们许多同学已经能在作文中熟练地运用这种表现方法了。如在一篇名为《记一次运动会》的作文中有一个精彩的侧面描写的片段：“发令枪响起，选手们以迅雷不及掩耳的速度冲出了起跑线。看，台上的观众们发出了此起彼伏的加油声。有的同学使劲跺着脚，有的挥舞着手中的帽子和彩旗，还有的大声地吹着喇叭，不时地蹦上蹦下，那边还有几个女生紧张地抱成一团……”虽然文中没有正面描写比赛的刺激和紧张，但通过对场外观众的热烈反应的侧面描写，却足见比赛的激烈程度。正所谓“不着一字，尽得风流”！

田夫荷锄至

斜光照墟落，穷巷牛羊归。
野老念牧童，倚杖候荆扉。
雉雊麦苗秀，蚕眠桑叶稀。
田夫荷锄至，相见语依依。
即此羡闲逸，怅然吟《式微》。

王维《渭川田家》

这首诗是描写田家闲逸的。诗人眼中呈现的是这样一幅图景：夕阳西下，霞光映照着远处的村落，牛羊成群地徐徐归来，一位慈祥的老人正倚着门扉，盼望着牧童回家。青青麦田里的野鸡鸣叫着，桑叶所剩无几，蚕也开始睡去。近处，劳动了一天的农夫们纷纷扛着锄头从田里归来。偶然相遇，便停下来，亲切地交谈……怡然自得的田家晚归景致，是那样的清新自然，诗人于是产生了由衷的羡慕之情。

全诗最值得称道和借鉴的是白描手法的运用。“田夫荷锄至，相见语依依”一句，尤其看不出华丽辞藻的堆砌，有的只是生活画面的最洗练的勾勒与描绘，却是那般的亲切，好像就发生在我们的眼前，触之可及。

与此相近，明代散文大家袁宏道《晚游六桥待月记》也可以当作白描技法的典范：“西湖最盛，为春为月。一日之盛，为朝烟，为夕岚。今岁春雪甚盛，梅花为寒所勒，与杏桃相次开发，尤为奇观……其实湖光染翠之工，山岚设色之妙，皆在朝日始出，夕春未下，始极其浓媚。”

黄陵女儿蒨裙新

黄陵庙前莎草春，黄陵女儿蒨裙新。
轻舟短棹唱歌去，水远山长愁杀人。

李群玉《黄陵庙》

这首诗使用白描手法，描画了一位船家姑娘。白描是一种以文字简练单纯，不加渲染烘托为特点的写作风格。在这首诗中，诗人这样描画船家女：穿着新裙子，在轻舟上歌唱。此时，作者只能埋怨水远山长，不能追随轻舟，不能继续倾听悦耳的歌声。

白描手法不易把握是因为这种手法要求文字要简练不加渲染。而初学写作者最容易出现的问题就是啰唆，对一件事情不惜笔墨地反复渲染。鲁迅先生说过：“‘白描’却没有秘诀。如果要说有，也不过是和障眼法反一调：有真意，去粉饰，少做作，勿卖弄而已。”

那么，这首诗是如何运用白描手法的呢？首先，作者用精练的语言点出了时间和地点。“黄陵庙前莎草春”，时间是春天，地点在黄陵庙前。接着，用了短短七个字，将主人公的形象描绘出来："黄陵女儿蒨裙新。"一位穿着新的红色裙子的少女形象像一幅画似的呈现在读者面前。"蒨"是红色的意思。然而，少女并不是画中人，她能歌能唱，活灵活现，带着山里的气息，深深地打动了诗人，也感染了读者。可是，随着轻舟的远去，少女也越走越远了。于是，诗人情急之下，道出了心里话："水远山长愁杀人"，直接坦率的言语令人耳目一新。

归结起来，白描手法的使用技法在如下三个方面：

①在语言运用方面要力求简洁。白描就像用线条勾勒人物图画一样，没有过多的色彩的渲染和过多的修饰，简朴清新是最佳的效果。

②语言的简洁并不等于没有主次，并不等于没有重点。在刻画人物形象时，要注意突出人物的特点。

③重在传神。用白描勾勒人物时，人物的背景可以一笔带过，而主要的是突出人物主体的特点，给读者一种"心领神会"的感觉。

以老舍的《骆驼祥子》为例，作者用白描的手法勾勒出刘四爷的形象："刘四爷是虎相。快七十了，腰板不弯，拿起腿还走个十里二十里的。两只大圆眼，大鼻头，方嘴，一对大虎牙，一张口就像个老虎。个子几乎与祥子一边儿高，头剃得很亮，没留胡子。"

这段描写，语言虽然简洁朴素，但却将刘四爷的特点生动地表现出来。我们仿佛看见一个体格健壮、性格爽朗的刘四爷站在面前。这正是白描手法的优势所在。

写景抒情

KEWAI YUWEN
YINGYONG XILIE

好雨知时节

好雨知时节，当春乃发生。
随风潜入夜，润物细无声。
野径云俱黑，江船火独明。
晓看红湿处，花重锦官城。

杜甫《春夜喜雨》

这是一首写雨的名诗。在这首诗里，中学生可以学到如何描绘雨景，如何把常见的雨景写活，写得与众不同。

诗的首联，以拟人化的手笔将雨要来了的场景表现出来。“好雨知时节，当春乃发生。”在作者笔下，雨好像人一样知道节气，在春天来的时候也急急忙忙地赶来了。雨儿来的时候，是悄悄的，它随着风儿来了，当人们还在睡梦中的时候，它已经开始无声地滋润万物了。这里，仍然用拟人的手法来写雨，把雨儿写得像小孩子一样爱跟人们捉迷藏。接下来，“野径云俱黑，江船火独明。晓看红湿处，花重锦官城”。表面看来这仍然在写雨，说明雨要下多大。但仔细想就可以体味出，这里与其说是写雨，不如说是写心情。这是人们盼望着一场连绵的雨，希望它能使城中的花儿都开放，树儿抽新枝。

雨是一个常见的描写对象，无论古代还是现代，都有人从不同的角度来描写雨。在中学生的作文中，当然也不例外。那么，如何才能写好呢？从杜甫的这篇名作中，我们可以学习到一些写雨的方法：

①从视听的不同角度写雨。如诗中的第三句是从视觉入手，第四句是从听觉入手。

②用拟人化的手法写雨。诗中把雨儿写成具有人的感情和意识。这样写生动活泼，给人以亲切感。

③从人们对雨的感情来写雨。或喜，或悲，或感，或伤，将人们的心情与雨联系在一起，使景中有情，情中有景。

④用对比映衬等方法来突出雨。用江中几点零星的渔火来衬托出此时黑云压城的状况，由此来表明一场大雨要来了。

当然，除了这些方法外，还有一些方法也可以使用，如比喻法、白描法、动静结合法等。这里，仅以此诗为同学们写雨提供更为广阔的思路。

声喧乱石中

言入黄花川，每逐青溪水。
随山将万转，趣途无百里。
声喧乱石中，色静深松里。
漾漾泛菱荇，澄澄映葭苇。
我心素已闲，清川澹如此。
请留盘石上，垂钓将已矣。

王维《青溪》

这是王维在蓝田南山隐居时所作的一首描写溪水的山水诗。作者以黄花川的青溪为对象，以青溪的流淌为线索构成全诗。溪水所到之处，乱石中、深松里都引起作者的关注。并且，从溪水的悠悠流淌中，作者表达了自己如同青溪般的闲淡心境。

动静结合是这首诗主要运用的写作手法。在描写溪水所到之处时，作者采用了一动一静的表现手法。在乱石中，溪水“声喧”；在深松里，溪水“色静”。动与静互相映衬，声色相通，极富意境美。在描写水面之物时，作者也采用了动静结合的方法。溪面上漂浮的菱荇，悠悠荡荡，作者用“漾漾”来形容，写出了它的动；倒映在溪面上葭苇的倒影，如在画中，作者用“澄澄”来形容，写出了它的静。这又是个一动一静，与前一个遥相呼应，活灵活现的青溪呈现在读者面前。

在中学生的作文中，尤其在景物描写中，动静结合是非常有效的一个手法。它的好处在于一个“活”字，即：一动一静的描写，能够将景物写活，使整篇文章都富有生气；一动一静的描写，也能赋予景物以人的特点，增强亲切感；一动一静的描写，还能在对比中反衬出静的幽深，富有意境美。

咸阳桥上雨如悬

咸阳桥上雨如悬，万点空蒙隔钓船。

还似洞庭春水色，晓云将入岳阳天。

温庭筠《咸阳值雨》

这是一首描写咸阳桥的雨景诗。前两句写出了雨的特点：“雨如悬”和“万点”两个词表明了雨很大，大雨使得整个世界雾蒙蒙的一片。看到这样的景象，诗人思想的野马飞奔起来，飞到同样一个雾蒙蒙的雨景中。“还似洞庭春水色，晓云将入岳阳天。”此时的诗人由眼前的实景联想到远在洞庭的景色，这是由实入虚的写法。

在中学生的作文中，由实入虚的手法也能见到。如下面这个片段：“学校偌大的操场，喧闹的人群。百般无聊的我不经意一回头，顿时被一个沉思的女孩子吸引住了。周围的欢歌笑语她似乎充耳不闻，思绪恍若停留在另一个世界，射出的目光岂止是深沉，更多的是执着的思索、迷惘的挣扎，而那弧线格外分明的嘴角告诉我，她是这样的有个性。于是，我忘了再有第三个人，第二个场景。那几天一直萦绕于脑的总是那双眼光似乎能穿过金属般的眼睛。”（引自《作文题库辞典·她——向你走来》，中国旅游出版社1992年4月版）

现在，我们来分析一下这个片段是如何由实入虚的。首先，作者用以动衬静的手法来使主人公出场。这是实写。接着，作者就开始由实入虚了。作者把焦点集中在她的眼睛上。但是，与众不同的是，作者没有描写眼睛长得什么样子，而是从目光中去挖掘她的与众不同。“深沉”“执着的思索、迷惘的挣扎”等都是作者的想象，是虚写。这样，由实到虚，将这个与众不同的形象动人地展示出来。

雨过一蝉噪

雨过一蝉噪，飘萧松桂秋。
青苔满阶砌，白鸟故迟留。
暮霭生深树，斜阳下小楼。
谁知竹西路，歌吹是扬州。

杜牧《题扬州禅智寺》

这首诗是杜牧在扬州禅智寺看望弟弟时所写的一首写景诗。从全诗来看，作者主要描写了禅智寺的幽静及与之相对的扬州的喧嚣。主要运用的是动静结合、以动衬静的写法。

诗的前六句，都是描写禅智寺的清幽环境。这是初秋的时候，松树在微风中飘摇，偶尔几声蝉鸣仿佛是平静的水面上的几丝涟漪，愈加显得禅寺幽静。满阶的青苔无人迹，白鸟也愿意留在这里长住。在一片树林中，升起傍晚的云雾。夕阳西下，日影在小楼上滑过。这三组镜头，分别从听觉、视觉的角度刻画出此时禅寺的一片肃寂。在这样的幽静中，作者忽然有一个发现："谁知竹西路，歌吹是扬州。"原来，隔壁的竹西路就是繁华的扬州啊。这最后一笔，以动养静，将禅智寺的幽静在歌舞扬州的对比下凸显出来。

动静结合是这首诗主要运用的手法。不仅如此，它的动静结合还与其他的有一些不同。通常，我们所说的动静结合是指动和静两方面互相映衬，动中有静，静中有动。但这首诗却不同，虽然它也是动静结合，但它主要侧重的是静的方面。也就是说，以动衬静。

在中学生的作文中，这种动静结合的方法有助于衬托出景物的特点，同时达到渲染气氛、烘托人物心情的作用。当然，同学们在运用的时候，也可以像这首诗一样，虽然有动有静，但侧重点只有一个。这也是动静结合的方法之一。

例如朱自清的散文《春》，作者在动静结合中侧重“动”的方面：“一切都像刚睡醒的样子，欣欣然张开了眼。山朗润起来了，水涨起来了，太阳的脸红起来了。小草偷偷地从土里钻出来，嫩嫩的，绿绿的……桃树、杏树、梨树，你不让我，我不让你，都开满了花赶趟儿。”这是春天的静态自然景物，然而，作者却将这些景物写成动态。这样写，既将春天万物复苏、一片生机的特点表现出来，同时，也抒发了作者对春天的热爱，无限的情趣尽在其中。

山寺鸣钟昼已昏

山寺鸣钟昼已昏，渔梁渡头争渡喧。
人随沙岸向江村，余亦乘舟归鹿门。
鹿门月照开烟树，忽到庞公栖隐处。
岩扉松径长寂寥，唯有幽人独来去。

孟浩然《夜归鹿门歌》

诗人孟浩然曾效仿汉末著名隐士庞德公隐居在汉江东岸的鹿门山，这首《夜归鹿门歌》就是那时所作。

这首诗初读起来，觉得好像是一首描写山水的田园诗。但仔细揣摩，其主旨还是抒发了诗人归隐的志趣。山中寺庙的钟声响起，天色渐晚，在渡口抢渡回家的人们十分喧闹，许多人都在回家的路上，而诗人却要离家去鹿门山。山上的树笼罩在银色的月光里显得那么的朦胧。诗人不禁沉醉在眼前的美景之中了，不知不觉地来到了庞德公的隐居之所，就在那一瞬间忽然领悟到了为什么庞德公会“采药不返”，最终选择了归隐，其中的奥妙就在于在这个与世隔绝的世界里，只有山林是伴，唯有归隐才有自己真正的自由。

此诗首句：“山寺鸣钟昼已昏，渔梁渡头争渡喧。”诗人用短短的14个字，就勾勒出一幅有声有色图。不光用字简洁，表现的角度和手法更值得我们咀嚼。可以说是有静有动，动静结合，最后达到动静互衬的效果。以人世喧闹映衬山寺的幽静，渲染了诗人超然脱俗的心境。这是用动的字面写出静的境界，是寓静于动，以动衬静。

在文学艺术上不少作家都善于运用这一“相反相成”的手法。比较典型的如贾平凹的《月迹》中的一段月出描写：“月亮款款地，悄没声息地溜进来，出现在窗前的穿衣镜上了；原来月亮是长腿的……那满月慢慢的又亏了，末了又全没有了踪迹，只留下一个空镜，一个失望。”作者的视线追随着月亮的影子，长腿的月亮即使是溜出来也是“款款”的“悄没声息”的，这是以动衬静。一个没了月影的空镜也映衬了月亮消失的神奇与迅速，这则是以静衬动。这样动静互相映衬、交替、渗透引发读者无穷的联想。这便是这篇散文的成功之处。我们尤其在写景散文中可以借鉴这种动静结合的手法。

明月松间照

空山新雨后，天气晚来秋。
明月松间照，清泉石上流。
竹喧归浣女，莲动下渔舟。
随意春芳歇，王孙自可留。

王维《山居秋暝》

世界上的任何事物都是相对的，大自然的一切都处在运动变化之中，对于物质世界而言，"静"也只是相对的。动静结合，就是一种很好的描写方法，尤其是对景物描写极其适用。王维的《山居秋暝》就是动静结合这种手法的典型运用。

初秋的傍晚，夕阳的余晖笼罩着山雨初霁后的山林，清新宜人。这里没有人世间的喧闹与烦扰，好像一处世外桃源，一切都显得那么安静美好。时间一点点流逝，当天色渐渐暗了下来，皓月升空，密密匝匝的青松高大挺拔，好像月亮的影子穿梭其间。山泉清冽，泉水淙淙地在山石上流淌。忽然竹林里传来的一阵阵欢歌笑语打破了宁静，仔细一听才知道是洗衣服的少女们驾着渔舟归来了。看那纷纷向两旁分披的荷叶就知道那亭亭的乘舟少女们就要出现在眼前了。这里有美好的景色，勤劳的人们，正是诗人理想的洁身自好的所在。于是最后诗人发出了“随意春芳歇，王孙自可留”的感叹。

“明月松间照，清泉石上流。”用了以静写动、以动衬静的描写方法塑造出了栩栩如生的艺术形象。前半句写山上一尘不染的松树、皎洁的月光，以及月光穿过树叶的缝隙在林间留下斑驳的影子，都给人以明净清幽的感受——这是通过静态描写来突出山中的静谧。后半句写山泉因雨后水量充足，流势增大，从石上流过，淙淙有声——这是动态描写，以动衬静，更反衬出山中的宁静。

运用动静结合描写方法的例子很多，如高中语文第一册中所选课文李健吾的《雨中登泰山》中对松树的描写：有的松树“望穿秋水，不见你来，独自上到高处斜着身子张望”。这便有了一种动感，一种生命。同学们在作文训练中，就要学会化静为动，用动静结合的方法写出景物动态的美。

浮云一别后

江汉曾为客，相逢每醉还。
浮云一别后，流水十年间。
欢笑情如旧，萧疏鬓已斑。
何因不归去？淮上有秋山。

韦应物《淮上喜会梁州故人》

这首诗是好友重逢时的描绘。十年不见，物是人非，然而还能在故地相见，一个“喜”字也似乎无法表达。

“江汉曾为客，相逢每醉还。”这是在回忆以前的美好岁月。在江汉的时候，两人是一对老友，每次相逢必定不醉不归，可见两人的深厚友谊。可是“浮云一别后，流水十年间”。“没想到我们一别就是十年啊！这十年的变化有多大啊！现在的见面十分难得，我们都已是两鬓斑白了，要抓住这次重逢，还要一醉方休啊。”“何因不归去？淮上有秋山。”为什么不回去呢？因为淮上有秋色浓浓的小山啊！在这一笑一感慨的诗歌中，我们深刻地体会到作者对老友的怀念以及这十年间的沧桑岁月给作者带来的悲伤心情。再次相见，作者的心情十分复杂，既想向老友倾诉一下这十年的遭遇之苦，又不想浪费这美好时光。这复杂的心情，使读者更能体会到诗人的感伤之情。

十年一别，其间必定发生许多故事。如果把这些事情一一赘述，那会显得啰唆，而且也难以将这种悲喜交加的感情表达出来。作者采用什么方法既有生动的描绘，又使全诗感情激荡呢？那就是详略得当。

在中学生的作文中，往往叙述许多事情，许多方面可以表达中心。那么，如何将这些表现呢？本诗中的这种详写和略写相结合的方法是比较实用的。详写是指对于那些突出主题的内容要详细地描绘和阐述，有时还会用到细节描写。略写是对可以表达中心但不是主要方面或不是主要事件的要一笔带过。这样安排的好处在于既有力地表达了中心，又使文章结构清晰、脉络分明。有详有略，详略得当，是文章叙事的一个有效手法，中学生在作文练习中，特别是在文章的选材剪裁中可以借鉴参考。

例如在朱自清的散文名篇《背影》中，作者就采用了详写和略写相结合的方法。文中前两段略写了家中的境况。从第三段开始，作者用较多的笔墨描写了父亲在车站送我的场景。最后，作者面对父亲苍老的背影，感慨万分。这样的安排突出了父亲对儿子深深的爱，细腻的描写使父亲的形象更加突出。

隔水问樵夫

太乙近天都，连山接海隅。
白云回望合，青霭入看无。
分野中峰变，阴晴众壑殊。
欲投人处宿，隔水问樵夫。

王维《终南山》

这是一首以山水画的描绘手法写成的诗。作者王维不仅是一位著名的诗人，也是一名画家。在这首诗中，作者将绘画与文学结合，从而达到诗中有画、画中有诗的效果。

全诗描绘了终南山的景色。首联从远处来写，写出终南山的连绵起伏、宏伟高峻。这里采用了夸张的手法，用与天相接来说明它的高，用与海相连来说明它蜿蜒千里。然后，从高处写，写白云和雾霭。白云萦绕，青霭朦胧，似在眼前，却又无法触摸。接着，作者又从整体上来描绘山的广大。“阴晴众壑殊”，终南山中有不同的山脉沟壑，同一时间内却天气不同，有阴有晴。这一句就把终南山“大”的特点生动地表现出来了。最后，作者画龙点睛般在挥毫泼墨后，细细地点上一笔：“欲投人处宿，隔水问樵夫。”用人的活动给大山增添了无尽的活力。诗与画的结合是这首诗最大的特点。这样的写法，使人读完全诗后，产生一种如在画中的感觉。

在中学生的作文中，尤其是在写景时，可以借鉴这首诗中与绘画相结合的方法。在绘画中有近景、远景的处理，有色调浓与淡的对比，有虚与实的映衬等。这些方法在中学生写作时都可以运用。如在景物描写时，可以采用有近有远、有高有低的分层的方法。这样，会使文章结构清晰，有层次感。

例如：“且说他三众，在路餐风宿水，戴月披星，早又至夏景炎天。但见那：花尽蝶无情叙，树高蝉有声喧。野蚕成茧火榴妍，沼内新荷出现。”（吴承恩《西游记》第二十回）

在这里，作者用了画面的组合法来描写盛夏的美景，有高有低、有红有绿的描写使盛夏的景色尽现读者眼前。

桃红复含宿雨

桃红复含宿雨，柳绿更带朝烟。
花落家童未扫，莺啼山客犹眠。

王维《田园乐七首（其六）》

这是王维在退居辋川别墅后写的一组田园诗之一。在王维的这组诗中，融入了绘画艺术，用富有中国水墨画的特色来描绘景物。

“桃红复含宿雨，柳绿更带朝烟。”“桃红”“柳绿”两种鲜艳的颜色构成一幅艳丽的田园风景。“宿雨”“朝烟”又将浓浓的生活气息表现出来，为田园的自然美景增添无限的活力和生机。满地落花，不是花童未扫，而是现在还是清晨，人们还在睡梦中。山莺的啼叫声也没能把客人从梦中唤醒，只是为这幽静的清晨平添了一段美妙的序曲。

诗中有画是王维诗歌中的一个重要特色。在中学生的作文中，恰当地引入绘画手法，会增强文章的艺术感染力。许多绘画方法可以用于写作中，例如，点染、画龙点睛、重叠、虚实结合等。这些方法的运用会使文章具有图画式的艺术效果。在中外许多文学家的优秀作品中，都有绘画艺术的体现。罗曼·罗兰在《约翰·克利斯朵夫》中有一段描绘清晨的美妙的文字：

> 红光满天的曙色一照到苍白的田里，原野就仿佛醒过来，高高兴兴的太阳——像他们一样从巴黎的街道、尘埃堆积的房屋、油腻的烟雾中间逃出来的——太阳照着大地，草原打着寒噤，被薄雾吐出来的一层乳白色的气雾包裹着。路上有的是小景致：村子里的小钟楼，眼梢里瞥见的一泓清水，在远处漂浮的蓝色的冈峦。火车停在静寂的乡间，阵阵的远风送来清脆动人的早祷的钟声；铁路高头，一群神气俨然的母牛站在土堆上出神。

在这段景物描写中，我们可以看到三方面的绘画手笔：

①作者先从整体上描写黎明时的景色。然后，按照由远及近的顺序来描写景物。远景和近景相互结合，使景物富有立体感。

②在描写太阳升起的景象时，作者没有实在的描述，而是掺杂了自己的想象，这样把太阳升起的场景写活了。这是虚实结合的方法。

③在绘画艺术中，有这样一种先用铺笔，然后集中某处来细致描摹的方法。在这段景物描写中，作者将这种绘画方法引入写作中。作者用阳光的普照来铺笔，然后，细致刻画了路上的景致。铺笔中的点染，给人一种“万绿丛中一点红”的感觉。

月光如水水如天

独上江楼思渺然，月光如水水如天。
同来望月人何处？风景依稀似去年。

赵嘏《江楼感旧》

这是一首给人无限想象空间的小诗。诗中描写了作者在一个清新的夜晚独上高楼的情景。“独上江楼思渺然”，诗人独自登上高楼，一切思绪都飘飘悠悠地飞进诗人的头脑中。那么，诗人都想到了什么呢？“月光如水水如天。”在这句中，作者故意避开思绪不谈，而是描写了现实的美景。此时正是明月高悬，月光、江水、苍天如同三个棱镜互相反射映衬，构成了一个明暗交错的整体。叠字的回环将这种互影生动地表现出来。在这样的美景中作者到底在“思”什么呢?“同来望月人何处?风景依稀似去年。”原来是在回想去年今日同好友一起登楼赏月的情景。作者故地重游来回味和友人在一起时的快乐时光。然而，今年人去楼空，独留作者一人，无尽的思念之情溢于言表。

这首诗的特点就是给读者留有充分的想象空间去感悟、去体味。这是“实则虚之”的方法，即在文章中，用景物或人物的行为来渲染一种氛围或情绪，然后，并不直接点明，而是让读者去想象和联想。最后点明中心或情感所在，深化主题。这种方法的好处在于，避免了文章的饱胀感，使文章有开有合，流畅自如。

在中学生的作文中，一个忌讳就是写得太满、太饱，以至于没有给读者留下思考和想象的余地。而中学生由于不能恰当地掌握分寸，经常出现整篇文章写得满满的情况。那么，如何去避免呢?这首诗可以给同学们提供一些借鉴和参考。

雪净胡天牧马还

雪净胡天牧马还，月明羌笛戍楼间。
借问梅花何处落，风吹一夜满关山。

高適《塞上听吹笛》

高適被称为边塞诗人，他的许多优秀作品都是以边塞生活为题材的，这首《塞上听吹笛》就是其中之一。

“雪净胡天牧马还，月明羌笛戍楼间。”这两句是景物的真实描绘。“雪净、牧马、月明、羌笛”这些景物在一起构成了整首诗的基调，那就是一片和谐安静的气氛。由此我们会感受到，作者在边塞生活了这么久已适应了那种战争的氛围，而现在难得战火熄灭，诗人心情也十分放松和愉悦。此时，在戍楼间传来的一曲《梅花落》，将这种心情带入另一番境界。“借问梅花何处落，风吹一夜满关山。”这两句与其说是写景，不如说是写心情。诗人在描写了实景之后，将笔锋一转，由实入虚，借《梅花落》来展开联想和想象。诗人在心情愉悦的情况下，耳中聆听着曲子，不禁浮想联翩。悠扬的梅花曲此时在诗人眼中好像变成了无数朵梅花，随着乐曲撒播到整个关山。

在中学生的作文中，虚实结合是一种常见的描写方法。通常，这种方法适用于景物描写上。虚实结合是指将实际的景物描写和想象中的景物描写联系起来的方法。它的好处在于，通过这种虚实交错来构成美妙阔远的意境，使文章具有意境美。

例如，在朱自清的散文《绿》中，我们同样可以领略到这种虚实结合方法的好处：

这是一个秋季的薄阴的天气。微微的云在我们顶上流着；岩面与草丛都从润湿中透出几分油油的绿意。而瀑布也似乎分外的响了。那瀑布从上面冲下，仿佛已被扯成大小的几绺，不复是一幅整齐而平滑的布。岩上有许多棱角；瀑流经过时，作急剧的撞击，

> 便飞花碎玉般乱溅着了。那溅着的水花，晶莹而多芒；远望去，像一朵朵小小的白梅，微雨似的纷纷落着。据说，这就是梅雨潭之所以得名了。但我觉得像杨花，格外确切些。轻风起来时，点点随风飘散，那更是杨花了。——这时偶然有几点送入我们温暖的怀里，便倏的钻了进去，再也寻它不着。

作者把飞溅下来的水点想象成杨花飞落，这就是虚写。它与梅雨潭的景物相映成趣，共同构成了这幅梅雨潭的美景图。

月出惊山鸟

人闲桂花落，夜静春山空。
月出惊山鸟，时鸣春涧中。

王维《鸟鸣涧》

春天的夜晚，幽寂的山谷，杳无人迹，只能看到桂花那细小的花瓣静静地纷纷飘落。山鸟已经习惯了这片宁静，它们甚至被刚刚升起在天幕中的明月所惊，间或在春涧中鸣叫着。这是一幅春夜的美景，让人有身临其境的真实感受。

许多名家在鉴赏此诗时在肯定其景色描写到位的同时都提出了一个质疑之处。诗中提到桂花，而桂花明明是秋天时节才开的花。人们总是把它与中秋圆月联系在一起，现代歌曲也有

“八月桂花遍地开”的歌词。可是这首诗中描述的春天的山谷中怎么也会有桂花飘落呢？

欲解其中的玄妙，让我们先来看一看《梦溪笔谈》中的一段记载：“书画之妙，当以神会，难可形求也……彦远评画，言王维画物多不问四时，如画花，往往以桃、李、芙蓉、莲花同画一景，余家所藏摩诘（王维）画《袁安卧雪图》，有雪中芭蕉。此乃得心应手，意到便成，故造理如神，迥得天意，此难可与俗人论也。”百花显然不能一个季节里同时开放，白雪飘零之时又何来碧绿的芭蕉树呢？而这正是与众不同之处。这段话对于理解王维此诗中写的春夜桂花有启发。看来王维写诗与作画一样更追求的是神会。于是鉴赏家们得出了这样的结论：“诗中写桂花是因为习惯上人们总是把它与明月的形象联系在一起。在古代的传说中，月亮中还有一株桂树呢。诗中写月夜，出现桂花，使人感到很和谐。”

由此看来，艺术的真实并不等于生活的真实。文学来源于生活，又高于生活。生活是诗人创作的土壤，但文学作品中的艺术加工有的时候是很必要的。这里诗人用的是一种虚实结合的写作手法。如在命题作文《寒冬春暖》中题面就是虚的，寓意则为实。寒冬腊月怎么可能有“春暖”呢？这岂不是矛盾吗？但是这里的“春暖”不是从季节意义上讲的，而是“言在此，而意在彼”，用来比喻人间的真情。这就要求我们审题的时候，审清楚虚实，分辨表和里，抓住题目深层含意。

荒城临古渡

清川带长薄，车马去闲闲。
流水如有意，暮禽相与还。
荒城临古渡，落日满秋山。
迢递嵩高下，归来且闭关。

王维《归嵩山作》

王维在辞官归隐、回到嵩山的路上写下了此诗。诗中主要描绘了诗人一路上的所见所闻。“清川带长薄，车马去闲闲。”这是诗人出发时的场景，由此来引出下面的沿途风景。流水、暮禽一路随行，由此表明诗人此时的心情是不错的。荒凉的古城与古渡口相邻，秋山上仿佛一片朦胧，那是落日的余晖笼罩的结果。嵩山高远，这里正是诗人心灵寄托的最好的地方。在诗的结尾，作者用“归来”与开头相照应，表明自己辞官归隐的志愿。

这首诗在写作手法上采用的是移步换景的方法。在中学生的作文中，移步换景的手法主要用在写景的文章中。它的特点是通常随着作者或主人公观察视点的变化来展现景物的变化。在移步换景中，同学们应注意的是，要形成一定的空间感。也就是说，在作者或主人公移步过程中，所描写的景物不要只停留在同一空间，或只写路边景物，或只写眼前景物。这样的写法只会给人单调感，而且也表明作者的写作视野比较狭窄。那么，如何形成一定的空间感呢？

在中学语文中，同学们学过李健吾《雨中登泰山》。在这篇游记散文中，作者是这样安排的：出发—过岱宗坊至虎山水库—进士真祠—过三座石坊到二天门—过云步桥，走盘山道—登南天门，天街纵览。这样的安排将一个富有立体感的泰山呈现在读者面前。景随步转，同时，脚步所到之处的景物又有空间的差别，或近或远，或上或下，或前或后，或高或低。这样的写法，既将复杂的景物安排有序，又富有立体感，让人不感单调。

小树开朝径

小树开朝径，长茸湿夜烟。
柳花惊雪浦，麦雨涨溪田。
古刹疏钟度，遥岚破月悬。
沙头敲石火，烧竹照渔船。

李贺《南园十三首（其十三）》

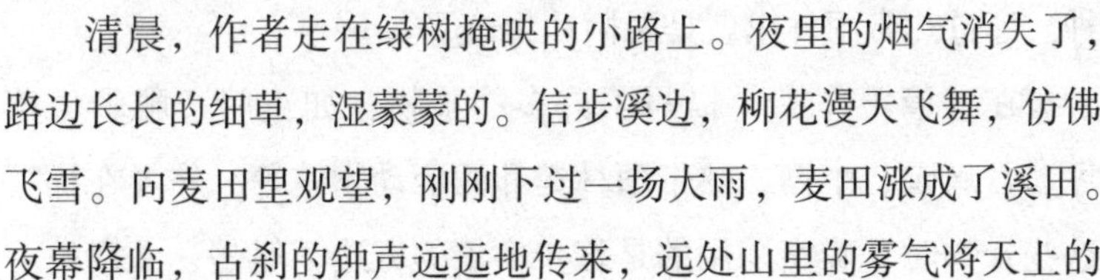

清晨，作者走在绿树掩映的小路上。夜里的烟气消失了，路边长长的细草，湿蒙蒙的。信步溪边，柳花漫天飞舞，仿佛飞雪。向麦田里观望，刚刚下过一场大雨，麦田涨成了溪田。夜幕降临，古刹的钟声远远地传来，远处山里的雾气将天上的月亮笼罩，一片朦胧。移步河边，船家们正在击石取火，用竹枝扎成火把照明。这时候，鱼儿们一看见亮光就游了过来，愣头愣脑地束手就擒。

这是一首写景诗，诗中主要运用了移步换景的手法。移步换景，就是按照行踪来描写景物的方法。如在这首诗中，描写景物以作者的行踪为序。先描写了林荫小径及路边的细草，然后写作者在溪边所见的景物。接着，作者驻足而立，一边聆听远方的古刹钟声，一边远望被山中的雾气笼罩的晓月。最后，作者来到小河边，那里的渔人正在烧竹捕鱼。整首诗的景物都是随着地点的转变而改变的。

在中学生的写景文中，移步换景是一个值得尝试的办法，它可以使文章有章有序，不易混乱。尤其是在描写众多的景物时，运用这种方法可使文章结构清晰，条理分明。但是，另一方面，在移步换景的时候，也不宜过快，否则，会给人以流水账的感觉。

例如，在一篇笔者批改过的一位中学生的习作中，这位同学是这样来描写大连森林动物园的：

“从动物园的正门进去，眼前一片开阔。几座巨大的雕塑挺立在广场上。从广场往上走，一片片的草坪呈现在眼前。继续往前，我们就进入动物区了。左边是百鸟园，右边是一条贯穿全园的小溪。小溪旁边是热带雨林馆，那里种着各种稀有的树种。穿过热带雨林馆就是两栖动物馆了。……”

在这篇习作中，描写了许多的景物，如正门、雕塑、草坪、百鸟园、小溪、热带雨林馆和两栖动物馆等。作者在描写这些景物时，确实采用的是移步换景的方法。但是，文章的一个缺点就是每个景物都是一笔带过，如同流水账一般没有主次、没有详略。整篇文章读下来使人有一种赛跑结束的感觉。这就是由换景过快造成的。因此，同学们在运用移步换景时，需要注意这一点。

云横秦岭家何在

一封朝奏九重天，夕贬潮州路八千。
欲为圣明除弊事，肯将衰朽惜残年！
云横秦岭家何在？雪拥蓝关马不前。
知汝远来应有意，好收吾骨瘴江边。

韩愈《左迁至蓝关示侄孙湘》

这是韩愈在被贬潮州的途中写下的一首名诗。

“九重天”是指皇上。韩愈因一封奏折而被贬潮州，一去就是八千里。此时的作者心情郁闷。让他感到伤心的是，自己想要为朝廷效力的愿望无法实现。但是，尽管如此，他还是对朝廷一片忠心，宁愿将自己的一生都奉献也不会惋惜。当他策马走到蓝关的时候，他的心情更加痛苦，因为高耸入云的秦岭已经把长安挡住了，离家越来越远了，就连马儿也不愿向前。虽然侄孙来陪伴，但是作者也无法摆脱这种心情。于是，他告诉侄孙：“帮我收遗骨吧！”抑郁痛苦之情无以言表。

整首诗风格沉郁，手法开合动荡。其中，中学生值得注意的是，作者运用了以景写情的手法。在颈联中，作者描写了云、秦岭、雪及马等景物。这些景物都是作者心情的写照：云横而不见家，岭高而不见路，雪厚而路艰难，马停而难向前。而这一切都因作者的抑郁心情而来。由此，我们可以更加强烈地感到作者凄楚难言的激愤之情。这也是借景抒情的独特之处。

在中学生的作文中，借景抒情是通过对自然景物或社会景物的描写表达作者的某种思想感情的方法。它的作用是使文章在这种情与景的交融中构成完美的艺术境界，从而增强文章的艺术感染力。

例如在朱自清的散文《春》中的景物描写：

> 盼望着，盼望着，东风来了，春天的脚步近了。
>
> 一切都像刚睡醒的样子，欣欣然张开了眼。山朗润起来了，水涨起来了，太阳的脸红起来了。小草偷偷地从土里钻出来，嫩嫩的，绿绿的。园子里，田野里，瞧去，一大片一大片满是的。坐着，躺着，打两个滚，踢几脚球，赛几趟跑，捉几回迷藏。风轻悄悄的，草软绵绵的。
>
> …………
>
> 春天像刚落地的娃娃，从头到脚都是新的，它生长着。
>
> 春天像小姑娘，花枝招展，笑着，走着。
>
> 春天像健壮的青年，有铁一般的胳膊和腰脚，领着我们上前去。

在这篇文章中，我们强烈地感受到作者对春天的热爱，而春天的无限活力和生机正是美好生活的体现。作者对春天的热爱实际上就是对生活的热爱。借春天的美景来抒发对生活的热爱之情正是这篇文章的独特魅力所在。

今日水犹寒

此地别燕丹，壮士发冲冠。

昔时人已没，今日水犹寒。

骆宾王《于易水送人一绝》

“风萧萧兮易水寒，壮士一去兮不复还”，这是何等悲壮与苍凉的诀别之句，让人为荆轲的义气而慨叹。骆宾王的《于易水送人一绝》让我们再一次感受到了“壮士”的英雄气概。

这首诗是诗人在易水送别友人时有感而作。想到当年荆轲也在此地与太子丹话别，荆轲大义凛然，怒发冲冠，是多么慷慨激昂的场面呀，只是如今荆轲已经作古千年了，不变的只有寒冷依旧的易水。

这是一首送别诗，可是在诗中我们却看不到一点朋友作别的影子。我们看到的只有发古之幽情，写今之愁绪。看来作者送别的人也一定是像荆轲那样肝胆相照的朋友。当时诗人对当政的武则天不满，深感沉沦与压抑。又适逢好友离去，于是作此诗，委婉地表达了当时自己复杂的心境。

"昔时人已没，今日水犹寒。"这一句，诗人采用了寓情于景的手法，将自己内心悲愤抑郁的感情寄托在"寒水"之中，表现了诗人不畏强暴、不被环境所压迫的高洁品格。这种寓情于景的方法在我们熟悉的课文高中第一册朱自清的《荷塘月色》中也可以看到。这里只截取一个片段来"窥一斑"而"知全貌"。"月光如流水一般，静静地泻在这一片叶子和花上。薄薄的青雾浮起在荷塘里。叶子和花仿佛在牛乳中洗过一样；又像是笼着轻纱的梦。虽然是满月，天上却有一层淡淡的云，所以不能朗照；但我以为这恰是到了好处——酣眠固不可少，小睡也别有风味的。"这"流水一般的月光""淡淡的云"都寄托着作家细腻的感情，在一片荷塘美景中找到了心灵的宁静。但这种平静是暂时的，心中始终还是缠绕着丝丝的哀愁，正如"不能朗照"的月光一样。我们只要学会了这种寓情于景的方法，相信在写作中是会派上用场的。

江城吹角水茫茫

江城吹角水茫茫，曲引边声怨思长。
惊起暮天沙上雁，海门斜去两三行。

李涉《润州听暮角》

江城的吹角声，边地的笛声，都引起无尽的思怨。歌声惊起沙上的飞雁。它们排成行，向海门飞去。这首诗明是写景，而实际上，是作者由景生情，寄情于景。

作者在这首诗中，由边地的歌声想到了离家在外的守边将士，想到了自己同他们一样，远离家乡，漂泊在外，因此哀怨之情不禁产生。此时，作者抬眼望去，沙上的大雁正因歌声而惊起，向海门飞去。于是，作者有感而发，感叹自己就像这大雁一样，离家越来越远。此情此景，幽怨，悲凉。

在中学生的作文中，寄情于景是一种不难把握的手法，许多同学会在自己的作文中运用。但是，我们也发现，一些同学的作文中，情与景不是对应的。也就是，此情不能由此景生，此景不能表现此情。造成这种现象的原因许多。其主要还在于，学生的写作是为了抒情而抒情，并非真的由景生情。因此，中学生在抒情性文章中，要注意情与景要适合。

例如，1991年高考作文中有这样一题：老师在黑板上画了一个圆，要求同学写想象的文章。有一名河北的考生，把这个圆想象成地球，他这样写道：

从太空俯瞰我们的地球，那缓缓转动着的，美丽的星球。那笼罩在外面的，轻纱一般的，是云彩。在一个有风的日子，风儿吹开了云层，你就可以清楚地看到那美丽的球体：那大片大片的蓝，是覆盖地球百分之七十的海洋；那绿绿的，是地球的植被；那黄黄的，是地球上裸露的黄土；那隆起的，是地球上众多的山脉。哦，你看到了吗？那隆起的山脉上的一带蜿蜒的白色。知道吗？那是我们中国的万里长城。这缓缓转动着的，白纱笼罩着的蓝色的星球，镶嵌在繁星

浩瀚的天幕上。这就是我们的祖先世世代代在上面生息的地球。(《高考作文选编》)

这篇小文，虽然充满了稚嫩感，但是，其中充满了对地球的真挚的热爱之情并非是无病呻吟，因此感情真切动人。

乱花渐欲迷人眼

孤山寺北贾亭西，水面初平云脚低。
几处早莺争暖树，谁家新燕啄春泥。
乱花渐欲迷人眼，浅草才能没马蹄。
最爱湖东行不足，绿杨阴里白沙堤。

白居易《钱塘湖春行》

这是白居易在担任杭州刺史时写的一首描写西湖美景的诗。早春时节，作者漫游西湖。一路上唧唧喳喳的早莺争抢着栖息在向阳的树枝上，新燕忙着啄泥筑窝。两旁的野花竞相开放，红的、黄的、绿的，令人眼花缭乱。早春的小草浅浅的，刚刚能没到马蹄。而作者最爱去的地方却是湖东，因为那里有绿荫掩映的白沙堤。

整首诗都在写早春的西湖之景。但是，如果仔细体味，我们会发现，这里不仅有景而且还有情。可以说，这首诗是情景交融的典型代表。方东树在《续昭昧詹言》中说这诗“象中有兴，有人在，不比死句”。早莺、新燕、乱花、浅草、绿杨、白堤在作者眼里都是那么的动人，作者将喜悦之情寓于这些景物中，景中有情，情中有景，情景交融。

在写散文或诗歌时，这种情景交融的方法是比较适合的。中学生在练习写抒情性作文时，可以利用景物描写来寄寓情感。这样可以增强表达效果。如在描写喜悦之情时，可以用景物的拟人化手法来表达，写小鸟的歌唱、花儿的微笑、微风的抚慰等；在描写愤怒之意时，可用暴雨、骤雪、狂风、乌云等来寄寓。情景交融，渲染气氛，表达感情，增强文章的感染力和艺术性。

下面，我们来看一看美国著名的作家海明威在《钟为谁鸣?》中的一段景物描写：

> 他眼巴巴地看着黎明到来。他总是喜爱一天的这个时刻。现在，他望着灰蒙蒙的天空，觉得曙色正从他心中升起，仿佛他自己便是朝阳升起之前那晨光微曦的一部分。等到物体变暗了，空间变亮了，夜空中闪烁的星光先是变黄，然后渐渐地消失了，新的一天便来到了。他下面的松树林轮廓已经变得十分清晰。那树干看上去很结实，呈棕黄色。淡淡的晨雾笼罩着公路，微微泛着白光。露水已经打湿他的衣衫。

在这段景物描写中，作者细致地描绘了黎明时太阳逐渐升起的景象。从光度的变化到颜色的变化，从远景到近景的细致描绘，我们可以感到主人公对黎明特别的喜爱。

留得枯荷听雨声

竹坞无尘水槛清，相思迢递隔重城。
秋阴不散霜飞晚，留得枯荷听雨声。

李商隐《宿骆氏亭寄怀崔雍崔衮》

这是诗人在骆氏亭寄宿时写的一首抒情小诗。诗中描写了骆氏亭的景色，抒发了作者对崔氏兄弟的思念之情。“竹坞无尘水槛清”，这句诗将骆氏亭的清新淡雅的特色生动地表现出来。四周满是竹坞，溪水环绕的古亭仿佛远离尘世的一块净土。“无尘”二字将骆氏亭的寂静、清净和干净呈现出来。在这种环境下，作者的思绪飘飘荡荡地踏云而去，回到与崔氏兄弟相伴的地方。虽然这儿与那儿相隔万里，但思念之情却长如万里。“啪……啪……”声声入耳，将作者的思绪拉了回来。诗人好像在梦中忽然醒过来似的，他环顾四周，原来不知不觉已经下起雨来。雨水打在荷叶上发出清脆的响声，细细听来，这声音也别有一番风趣。

寓情于景是这首诗的突出的特点。作者的思念之情与骆氏亭的幽静结合起来，情中有景，景中有情。骆氏亭的幽静中，有诗人连绵不断的思念；诗人的奔腾的思绪衬托出骆氏亭的宁静。这一动一静的结合，使情与景都得到了寄托。

在中学生的作文中，达到情与景的交融的基本的要求是什么呢？那就是在选择景物的时候，要与所要表达的感情基调一致。如“乱花渐欲迷人眼，浅草才能没马蹄”。诗人用“乱花”“浅草”来表明春天来了，万物复苏，到处一片欣欣向荣的景象。此时作者的心情也是不错的。这样的景物与心情是相互映衬的，两者相得益彰。又如“寒月沉沉洞房静，真珠帘外梧桐影”。这首诗是描写一位新娘为远征的丈夫做寒衣的情景。新婚不久丈夫即远征，新娘的心情可想而知。无尽的思念与担忧此时此地都化作沉沉的寒月和影影绰绰的梧桐影。情与景的结合，使景更幽，使情更浓。

在这两个例子中，我们不难看出：要达到情与景的交融，其前提就是所写的景物必须与表达的感情保持一致。如果以此景来抒发彼情，则会令读者感到无法理解，文中所要表达的思想感情也无法表达出来。

多情却似总无情

多情却似总无情，唯觉樽前笑不成。

蜡烛有心还惜别，替人垂泪到天明。

杜牧《赠别二首（其二）》

这是杜牧的一首描写情侣告别的小诗。诗中情真意浓，将情侣之间的深厚感情描绘得感人至深。“多情却似总无情”，这是在送行宴上两人面对面时的场景。本来是情深深、意浓浓，但此时好像有千言万语却不知如何说起，只有相互凝视，表面上看好像是无情之人。“总”这个字，将这种无奈刻画得淋漓尽致。举起酒杯，想要强颜欢笑来安慰一下对方，可是离愁太浓，连这一点的欢笑也难以挤出。由此，我们也可以看出，他们并非无情而是感情太深了。“蜡烛有心还惜别，替人垂泪到天明”，这是典型的借物抒情。此时是分别时刻，可是两个人又都无法言表，因此作者感到更加伤心。在他眼中，房间里的一切似乎都感染了这种离愁。那对燃烧的蜡烛，在作者看来，已经有了人的感情，正在替他们流泪呢！

“蜡烛有心还惜别，替人垂泪到天明。”这句诗历来为人们所传诵。一方面是对于真挚感情的感动；另一方面是它采用的这种借物抒情的方法使情感更加动人，增强了表达效果。

中学生写作时，借物抒情是可以经常运用的方法。它的好处在于能够含蓄地表达情感，增强文章的表现力，引起读者的共鸣。同时，恰当的借物抒情还会增强形象性和艺术性，使文章具有艺术美。

例如在高尔基的散文诗《海燕》中，作者借助海燕敢于与暴风雨搏斗的精神来歌颂革命者的战斗精神和大无畏的革命气概，同时谴责了那些只为自己而不顾他人的反动者和怯懦者。全诗气势恢宏，充满了战斗激情，催人奋进。

这里，提醒中学生朋友们一句，在借物抒情时，一定要考虑事物本身的特性是否与所要表达的中心一致。如果不一致，则不如不选。

玉宫桂树花未落

天河夜转漂回星，银浦流云学水声。
玉宫桂树花未落，仙妾采香垂珮缨。
秦妃卷帘北窗晓，窗前植桐清凤小；
王子吹笙鹅管长，呼龙耕烟种瑶草。
粉霞红绶藕丝裙，青洲步拾兰苕春。
东指羲和能走马，海尘新生石山下。

李贺《天上谣》

这是一首以想象构造全篇的诗。作者夜观天象，绮丽的夜空令作者浮想联翩：玉宫里的桂树花常开不败，仙女们正在采摘佩戴的香物。此时的秦妃正卷帘而望，窗前的桐树上雏凤鸣声清美。王子吹着长笙，召唤神龙来耕云烟种瑶草。穿着藕裙系着红绶的仙女们，在青洲漫步，采摘兰花。这首诗最大的特点就是通篇想象。作者由观赏夜景而想象出在玉宫、神殿、云田、青洲等神仙所在之处的场景。想象丰富而奇特，由实入虚，流畅自然。通篇的想象，使全诗具有奇趣。

中学生是具有丰富想象力的一代，他们常常在日常生活中不经意中就进行想象。如果将这些想象加以引导，让他们能够在作文中充分地发挥出来，那么将是一件十分有意义的事情。想象，心理学上指的是在知觉材料的基础上，经过新的配合而创造出新形象的心理过程。想象力就是在材料的基础上，创造新形象的能力。对于中学生来说，想象力是不缺的，缺的是如何充分发挥。因此，在平常的作文练习中，中学生要注意运用想象手法，以此来逐步地发挥想象力，使文章更加新奇瑰丽。

在中学生的作文中，通常涉及创造想象和再造想象两种。创造想象主要用于将抽象的事理想象成具体可感的形象和事件，如将说明性的文章改写成记叙性的文章等。再造想象主要用于根据一件事物来想象出更多的不同的内容。这种想象在中学生的命题作文中常常出现，如看图作文、改写、扩写等都是培养再造想象能力的写作要求。

例如在茅盾先生的《白杨礼赞》中，作者写道：

> 当你在积雪初融的高原上走过，看见平坦的大地上傲然挺立这么一株或一排白杨树，难道你就只觉得它只是树？难道你就不想到它的朴质，严肃，坚强不屈，至少也象征了北方农民？难道你竟一点也不联想到，在敌后的广大土地上，到处有坚强不屈，就像这白杨树一样傲然挺立的守卫他们家乡的哨兵？难道你又不更远一点想到，这样的枝枝叶叶靠紧团结，力求上进的白杨树，宛然象征了今天在华北平原纵横决荡、用血写出新中国历史的那种精神和意志？

这是作者由白杨树的坚挺进行的创造想象，想象合理，同时富有创造力，使文章主题升华。

冷烛无烟绿蜡干

冷烛无烟绿蜡干，芳心犹卷怯春寒。

一缄书札藏何事，会被东风暗拆看。

钱珝《未展芭蕉》

这首诗中丰富而新奇的联想令人耳目一新。“冷烛无烟绿蜡干”，作者一开篇就是联想，从未展芭蕉联想到蜡烛。芭蕉在未张开之前，其形状与蜡烛很像，都是呈圆柱状，因此由形状的相似引发出联想。而且，“绿蜡”又与芭蕉的绿色相同，这又是从颜色的相似来联想。“芳心犹卷怯春寒”，“芳心”一般是形容年轻女子的，诗人从蜡烛的联想进而又联想到了女子的芳心。这是从未展芭蕉的卷曲的姿势联想的。少女的心思是含而不露的，带有娇羞之态，而芭蕉的卷曲正与之相像。“一缄书札藏何事”，这一句的联想更是精彩。它不仅是从芭蕉本身联想，而且与前面的两个联想紧密结合，是联想基础上的再联想，因此更加奇特。书札是承接第一句从形状上来联想的，但这里不只是单从形状上，而是又结合了第二句芳心的联想，一个“藏”字正是芳心含而不露特点的再现。在诗人的想象中，这未展芭蕉是深藏着美好情愫的密封的少女书札，严守着内心的秘密。“会被东风暗拆看”，然而，在春光明媚的时候，还是会展开胸怀，袒露出自己的心思的，即使不好意思，东风也会暗暗地拆开这封书札的。

在中学生的作文中，丰富而具有情趣的联想是作文中不可缺少的。联想是指因某一事物同另一事物有某一方面的联系，因而想到某一事物时也会想到另一事物的思维过程。对于中学生来说，要在日常生活中注意培养自己的联想能力，因为丰富的联想是与作者的日常的观察和思考离不开的。那么，如何提高联想能力呢？这里有三种方法，供同学们参考。

①相近联想：利用两个事物在时间或空间的联系来联想。

②相似联想：利用两个事物在形状、性质或特征的相似来联想。

③相悖联想：利用两个事物在某一具体方面的强烈对比来联想。

客从长安来

客从长安来，还归长安去。
狂风吹我心，西挂咸阳树。
此情不可道，此别何时遇？
望望不见君，连山起烟雾。

李白《金乡送韦八之西京》

李白的《金乡送韦八之西京》是一篇写送别的佳作。

李白的友人从长安来，不久就要回去。送别之时不禁心潮起伏，好像狂风吹心，诗人多希望自己的心也能随着狂风而行，挂到长安的树上，伴随友人而归。离别的悲伤是不能用语言来表达的。这一别不知何时再能相遇。目送好友远去的背影消失在模糊的视线中，视野中只留下起伏的群山和笼罩在山上的烟雾。

这首送别诗可以说是“平中见奇”，“奇”就奇在“狂风吹我心，西挂咸阳树”这一句。运用了奇特的想象，将记挂友人心，不忍离别之情，挥洒得淋漓尽致，平添了浪漫主义的色彩。爱因斯坦说：“想象比知识更重要，因为知识是有限的，而想象概括着世界上的一切，推动着进步，并是知识进化的源泉。”科学创新是如此，写作也一样。因为写作本身就是一个创作过程。

培养想象力可以锻炼思维和创造能力，也是中学作文教学中的一个重要的目标。1991年高考语文试题第35题，要求“以一个圆的想象物作为描写的对象，外加陪衬物构成一个画面、一个镜头或一个场景，写一篇200字的想象作文。要求想象合理，具体生动。”广西某考生以“红日”为题，写“北海日出”：“天际边太阳在白雾中害羞地露出了‘半边脸’。太阳在一点点地长胖，变成‘大圆脸’。这时太阳从海平面完整地跳了出来，升上了天空，光芒四射。”接着再用“细雨”“海浪”“云彩”“渔帆”“海滩”作陪衬物，编织了一幅美丽的海上日出图，楚楚动人。这种瑰丽的想象把一个死板的无生气的圆，赋予了生命和活力。只要我们留心观察生活，积极思考，在合理的情况下，尽量扩展自己的思维空间，就一定能使文章新颖、独特，富有独创性。

荷叶罗裙一色裁

荷叶罗裙一色裁，芙蓉向脸两边开。

乱入池中看不见，闻歌始觉有人来。

王昌龄《采莲曲二首（其二）》

这首诗仿佛一幅意境优美的“采莲图”。采莲少女们穿着像荷叶一样的罗裙，她们的脸庞掩映在荷花之间，好像荷花飞向少女们的脸庞开放。采莲少女和荷花浑然一体，在池中很难分得清彼此，听到少女的歌声才知道有人来了。

此诗的最后一句“乱入池中看不见，闻歌始觉有人来”颇值得玩味，可谓“未见其人，先闻其声”。不见其人，但一句“闻歌始觉”却给读者提供了想象的空间。清代的曹雪芹撰写的鸿篇巨制《红楼梦》的第三回有这样一段“未见其人，先闻其声”的精彩描写：林黛玉初进贾府，正在同贾母闲聊，只听见园中有人笑声，说：“我来迟了，不曾迎接远客！”在这里，虽然没见王熙凤，可是从“其声”，我们不难想到她泼辣、善于逢迎、精明的性格特点。正是“粉面含春威不露，丹唇未启笑先闻”。

这种写作手法对中学生朋友来说，可能不常见，但有的学生已经在尝试了，安徽省某考生的作文《一号宿舍里的“歌唱家”》是这样开篇的：“‘年轻的朋友们，我们来相会……哎！

哎！快过来，新鲜的西瓜到了，弟兄们！’门口响起了高亢的男高音，一个穿着蓝背心的大男孩跑了进来。……”（选自《历年全国优秀中考作文选》）这样一个爽朗、热情的大男孩形象未出场就会浮现在我们的脑海里，这也是这篇作文的一大特色。

闲云潭影日悠悠

滕王高阁临江渚，佩玉鸣鸾罢歌舞。
画栋朝飞南浦云，珠帘暮卷西山雨。
闲云潭影日悠悠，物换星移几度秋。
阁中帝子今何在？槛外长江空自流。

王勃《滕王阁诗》

这是诗人王勃在即席创作《滕王阁序》后，附在序末的一首诗。诗人以含蓄、精练的笔法，描写了滕王阁的概况。滕王阁建在临江处，可是滕王已死，那挂着玉佩，坐着鸾铃马车来到阁上，歌舞欢宴的场景已经一去不复返了。清晨时南浦的云飞到阁内的画栋上与之相伴，傍晚西山的雨卷入珠帘中，更增添了几分冷清。闲云潭影，物换星移，不觉时光匆匆而逝。当年阁中的帝子现在又在何处呢？只剩下槛外的长江水无语东流。

在“闲云潭影日悠悠，物换星移几度秋”这一句中，诗人由对空间的描述——云、潭、影，转入对时间的描述——日悠悠，物换星移，几度秋。这种描写角度的变化，并没有混乱之感，而是多层次、多侧面地展现了滕王府的沧桑，给人以“横看成岭侧成峰”的感觉，丰富了描写对象的内涵。

这种时空交错的描写方法也为无数名家所应用，如我们都熟悉的高中语文第三册中作家峻青的《雄关赋》。作者就是从时空两方面着手描写固若金汤的山海关的。一方面从时间的变换角度写到对雄关的思慕，另一方面又采取移步换景的方法从空间的角度描绘山海关的巍峨雄伟。这两方面的结合使《雄关赋》充满了激动人心的情思，使人读来热血沸腾。所以我们写作尤其在写景的散文中应借鉴这种时空交错的写法。其实这是一种立体的描写手法，能使读者感到所描述的景物就在眼前，有真实感，又可以牵动情思。

野旷天低树

移舟泊烟渚，日暮客愁新。
野旷天低树，江清月近人。

孟浩然《宿建德江》

这首诗描写了日暮时分，行至中途的旅客在江边泊船的场景，是作者在建德江停泊时的所见所感。诗的前两句写了诗人在江边停靠，日暮时的孤寂使作者满是离愁。日落了，应该是回家的时候，然而，作者却还在异地停泊，此时的他怎能不忧愁呢？于是，抬头望天，苍苍茫茫，远处的天比树还要低；低头看水，江水澄清，月亮倒映其中，与作者是那么的亲近。李白有诗云："举头望明月，低头思故乡。"此时的孟浩然也是如此。现在，他觉得只有月亮是他的知己，在他身边陪伴。

整首诗充满了淡淡的哀愁。作者用明月与江水来表达此时的惆怅，这淡淡的哀愁与苍天、旷野、明月、江水浑然一体，使全诗富有意境美。这也是它能够广为流传的原因。

中学阶段，尤其是高中，已经开始尝试着散文的写作了。在尝试中，学生们往往把注意点放在诸如"形散而神不散"等写作方法上，而忽视了从整体上把握全文的意境。意境指的是作品中通过形象描写表现出来的境界和情调。在散文的写作中，值得注意的是，一系列的形象描写要表现一个共同的情调或气氛，也就是说，要将整篇文章的意境统一。中学生在习作中，首先要从整体上把握文章，然后再关注手法的使用。而且，手法的选择也是为了更好地展现文章的情调与境界，即：使整篇散文富有诗意，富有意境美。如果在写作文时，过度地追求写法的标新立异，而忽视了整体的感觉和风格，那就是舍本逐末了。

月落乌啼霜满天

月落乌啼霜满天，江枫渔火对愁眠。

姑苏城外寒山寺，夜半钟声到客船。

张继《枫桥夜泊》

这是一首充满意境美的小诗，诗中描写了特定情景下的特定景物。“月落乌啼霜满天”，连用了三个主谓短语来写出一片朦胧又悠荡的景物，仿佛是江水中的倒影，既有清晰的轮廓，又有模糊的影子。“江枫渔火对愁眠”，远处江边的枫树和其间隐约可见的零星的渔火成为孤船上诗人的伙伴。由此，我们可以感到此时诗人的孤寂之感。没有伙伴，只有用枫树与渔火来安慰自己。“姑苏城外寒山寺，夜半钟声到客船。”在这样的寂静的时候，忽然一阵钟声传到了这里，仿佛黑夜里的一颗流星划过天空，又如江水中的一道微波传过彼岸，将这份寂静打破。然而，钟声过后的那份寂静则更让人感到此时静谧中的一份淡淡的哀愁。

读过这首诗之后，第一个感觉就是它的静谧的美。虽然有些伤感，虽然有些悲凉，但都无法遮挡这种静给人们心灵的触动。这正是这首诗独特的魅力所在。那么，它是如何达到这样的效果的呢？就是创设意境。

意境是从属于美学范畴的。在司空图《诗品》中称它为“象外之象”“景外之景”。创设意境在文学作品中，尤其是在一些描写景物的文章中，其作用是非常明显的。它能增强文章的可感性，同时给人提供一个作品以外的思考和感受的空间，引发联想和想象。

在中学生的写作练习中，更要注重意境的创设。因为，就目前中学生的作文来看，多数是直白的、稚嫩的，缺少艺术美，也难以让人有所感发。因此，在练习时，要多学习优秀作品所表达的思想以外的情境以及创设的意境美，这样才会使文章成熟起来。

例如在郁达夫的《故都的秋》中，作者创设了这样一种意境：

> 秋天，无论在什么地方的秋天，总是好的；可是啊，北国的秋，却特别地来得清，来得静，来得悲凉。我们不远千里，要从杭州赶上青岛，更要从青岛赶上北平来的理由，也不过想饱尝一尝这“秋”，这故都的秋味。
>
> …………
>
> 在灰沉沉的天底下，忽而来一阵凉风，便息列索落地下起雨来了。一层雨过，云渐渐地卷向了西去，天又晴了，太阳又露出脸来了；著着很厚的青布单衣或夹袄的都市闲人，咬着烟管，在雨后的斜桥影里，上桥头树底下去一立，遇见熟人，便会用了缓慢悠闲的声调，微叹着互答着的说：“唉，天可真凉了——”(这个字念得很高，拖得很长。)“可不是吗？一层秋雨一层凉了!”北方人念阵字，总老像是层字，平平仄仄起来，这念错的歧韵，倒来得正好。

悲凉而又萧瑟的意境油然而生。秋雨的凉气和闲人的感叹构成了独特的情境。读者在这里仿佛看到故都的世俗文化，仿佛闻到故都的独特味道，而这正是故都的魅力所在。全文摆脱了直白的抒情，而是通过对最平常而又最富故都文化特点的事物的娓娓道来，创造出一种悲凉而又萧瑟的意境。读罢，令读者回味无穷。

独怆然而涕下

前不见古人，后不见来者。

念天地之悠悠，独怆然而涕下！

陈子昂《登幽州台歌》

自古文人墨客，善感多思，而每当登高望远，送目临风，更易引发无穷的思绪：家国之悲，身世之感，古今之情，人天之思，往往错综交织，所怅万千，难于名状。陈子昂一经登上古台就写下了这千古传诵的动人诗篇。

陈子昂是一个极具政治见解和才能的人，可是性格耿直的他因不会阿谀奉承而终不被重用，甚而后来被诬入狱。这首诗正是他怀才不遇情怀的表现。在古台上，他感叹道，像燕昭王那样的能够任人唯贤的人现在已经看不见了，也许以后这样的贤明君主会出现的，可惜我是等不到了。想到这里极目远眺，想到宇宙茫茫，天地久长，时间的流逝没有尽头，不禁感到自己的寂寞与渺小，不禁悲从中来，黯然神伤，落下泪来。

诗人在意境的创造上是十分出色的。“前不见古人，后不见来者”一句就将古今时间有机地结合在一起了，渲染了时间的绵长，意境十分开阔、雄浑，奠定了全诗的感情基调。意境的创造能使读者有一种身临其境的感觉，从而引起共鸣。苏轼的《念奴娇·赤壁怀古》开篇第一句：“大江东去，浪淘尽、千古风流人物。”词人从滚滚东逝的长江水入手，布设了一个极其广阔的时空背景，营造了一个气象雄浑的意境，让人不禁陷入一种千古兴亡的历史氛围中。同学们在写作中，尤其是借景抒情的作文里，可以尝试着创造意境，但要注意的是，你所创造的意境和文章要表达的思想感情必须是和谐统一的。

天涯一望断人肠

荆吴相接为水乡，君去春江正渺茫。
日暮征帆何处泊？天涯一望断人肠。

孟浩然《送杜十四之江南》

孟浩然的田园诗自然、质朴，“淡如水”，而送别诗则含蓄、内敛。这首《送杜十四之江南》就是极具代表性的一篇。

诗人送别友人杜十四（杜晃），看到春江浩渺无际，不禁担心起夜幕低垂时，友人的船将在何处停泊呢？放眼天涯，惜别之情充盈心间，不免黯然神伤。

这首诗写作特色是，诗人并不急于直抒胸臆，抒写离愁别绪，而是先顾左右而言他，写“春江”，写“日暮征帆”，写“天涯”，串联这些意象，我们不难发现其中的依依惜别之情。这正是“寄情于景”的高妙之处。借着景物来抒发心中的感情，这种抒情方式就叫借景抒情或寓情于景。虽不及平铺直叙来得直白，但意味隽永，更加耐人寻味。

这种写作方法，并不容易掌握，如果写不好，就会显得空洞、堆砌辞藻。诗人徐志摩的《再别康桥》是典型的“寄情于景”手法运用的成功范例：“寻梦？撑一支长篙/向青草更青处漫溯/满载一船星辉/在星辉斑斓里放歌/但我不能放歌/悄悄是别离的笙箫/夏虫也为我沉默/沉默是今晚的康桥！”把这样一种含着淡淡忧愁的离情别绪，都融进了星辉斑斓的小船上，在静谧中流淌。草木有情，“夏虫也为我沉默”，整个康桥都寂静了下来。这一切的一切都交织着依恋、无奈、惆怅等种种复杂感情。如果我们能在写作中做到抒情而不直接写情，绘景又不止乎景，就一定能使文章蕴藉悠远，真正做到情景交融。

天地一沙鸥

细草微风岸，危樯独夜舟。
星垂平野阔，月涌大江流。
名岂文章著，官应老病休。
飘飘何所似？天地一沙鸥。

杜甫《旅夜书怀》

这是杜甫被迫离开成都草堂后，在漂流途中写的一首寄情于景的小诗。诗中描写了在长江漂流中所见到的景物，并由景生情，借景抒情，表达出他的孤寂凄凉之感。

“细草微风岸，危樯独夜舟。星垂平野阔，月涌大江流。”

开头四句按由近及远的顺序描写所见之景。首联，写近处的岸边上，微风吹拂着细草，江中一叶扁舟在月夜中孤独地停泊。颔联，笔触由近及远，从整体上来描写此时的景物。空旷的田野上，星光点点。月光如倾泻而出的大江，与地上的江水汇合在一起。在这样的壮观的景物中，我们却看到一个为国为家而忧愁的老者在低吟。这正是诗人杜甫。“名岂文章著，官应老病休。飘飘何所似？天地一沙鸥。”这是由景到情。作者因为遭到排挤而被迫离开成都，心情抑郁。本来一腔报国热血却无用武之地，更没有想到的是，自己的出名是因为写文章，而不是自己的政治抱负。回顾漂泊生涯，自己好像一只沙鸥在天地间徘徊却无从落脚。这一处的比喻，将作者内心的伤感淋漓尽致地表现出来，发自肺腑，感人至深。

在中学生的作文中，通常是景物与人物的心情相对，即：景物阳光明媚，人物心情舒爽；景物阴雨不断，人物心情暗淡。在这首诗中，我们发现了另一种写法，即以乐景写哀情。这实际上是对比中的一种。它的好处在于能从人物心情与景物明暗的对比中，突出人物的心情，从而将情写得更深、更感人。以乐景写哀情或者以哀景写乐情，都是通过对比来渲染或侧重一个方面。

在中学生的作文中，为了突出主人公的感情经常搜集大量的词语来进行修饰和渲染，效果却反而不好，经常给人一种啰唆累赘之感。本诗中的这种以乐景写哀情的方法，不用多少笔墨就将作者的感情动人地表达出来，同时还给人以回味的空间。因此，中学生在作文中想要表达感情时，可以借鉴这种方法，从而避免啰唆的修饰和不必要的重复。

万里桥西一草堂

万里桥西一草堂，百花潭水即沧浪。
风含翠篠娟娟净，雨裛红蕖冉冉香。
厚禄故人书断绝，恒饥稚子色凄凉。
欲填沟壑唯疏放，自笑狂夫老更狂。

杜甫《狂夫》

这是杜甫在成都草堂居住时写下的诗。在杜甫草堂的附近即是有名的百花潭。这里潭水悠悠，景色宜人。对于饱经流离之苦的杜甫来说，这里好似一片净土，因此心情也随之开朗起来。“风含翠篠娟娟净，雨裛红蕖冉冉香。”“翠”即翠竹，“红蕖”即红荷。翠竹依依，红荷飘香，好似一壶醉人的美酒，让人无法不动情。然而，在这生机勃勃的自然景物之下，人民的生活却痛苦不堪。“厚禄故人书断绝，恒饥稚子色凄凉。”没有了故人的救济，没有家书的安慰，一家人在饥饿中度日如年。虽然如此，但诗人却没有被生活的冷酷吓倒，“欲填沟壑唯疏放，自笑狂夫老更狂”，正是诗人与生活抗争的写照。

这首诗在结构的安排上颇有新意。前面描写的是大自然的美景，而后面则把笔锋一转，直指社会环境，刻画出生活的艰辛。前后一喜一哀，由乐景来写哀情。以乐景写哀情的表达通过强烈的对比使主题更加突出。例如，鲁迅在《祝福》一文的开头描写出一片过年的热闹气氛：

> 旧历的年底毕竟最像年底，村镇上不必说，就在天空中也显出将到新年的气象来。灰白色的沉重的晚云中间时时发出闪光，接着一声钝响，是送灶的爆竹；近处燃放的可就更强烈了，震耳的大音还没有息，空气里已经散满了幽微的火药香。

然而，在这样热闹的气氛中，主人公祥林嫂悲惨地死去了：

> ……脸上瘦削不堪，黄中带黑，而且消尽了先前悲哀的神色，仿佛是木刻似的；只有那眼珠间或一轮，还可以表示她是一个活物。她一手提着竹篮，内中一个破碗，空的；一手拄着一支比她更长的竹竿，下端开了裂：她分明已经纯乎是一个乞丐了。

这样的乐景下却有着这样的悲惨，读者读后不能不感叹吧？

人面桃花相映红

去年今日此门中，人面桃花相映红。
人面不知何处去，桃花依旧笑春风。

崔护《题都城南庄》

“人面桃花相映红”，可以说是一幅桃花少女图。图中是一个花季少女在桃花的掩映下展开笑靥的情景。虽然只有短短的七个字，但是却将少女与桃花的相似点生动地再现出来。再现相似点，就是这句诗的一个表现特色。

中学生在写作文的时候，尤其是在景物描写的时候，要注意再现景物与情境之间的联系点、相似处，不要空洞、泛泛地写景物或人物。在一篇优秀的文章中，它所采用的景物描写要与文章的内容有一定的联系，或是渲染气氛，或是介绍事情发生的场景，或是文章的一条暗含的线索，或是表达人物的心情，等等。因此，在写景时，寻找和再现相似点是有必要的。这里的“再现相似点”，实际上就是抓住环境的特征来写景状物。正如这首诗中，作者就是牢牢抓住少女的红靥的“红”与桃花的“红”这一相似点来描绘这幅桃花少女图的，其效果远比直接描写少女更好。

然而，再现相似点并不是一件容易的事。我们在写一篇景物描写的作文时，常会陷入一种困惑：入眼的景物如此之多，多到无法抓住重点，突出特色，于是“眉毛胡子一把抓”，通篇的描写中，难分主次，更遑论抓住情景之间的相似点。这里，向同学们指出的是，在描写景物时不要贪多，要认真选择与表现内容有联系的景物。这样才可能在描写时再现相似点，突出形象。

以下面一篇题为《〈秋日的丝雨〉如诗如画》（作者：盛晨）的作文为例，开头这样写道：

夏日的燥热已悄悄溜走，清风吹到身上格外清爽。微雨蒙蒙地下着，如线如丝。平时的喧闹，汽车

> 的轰鸣，此刻完完全全地被这沙沙的秋雨声代替。其间一位穿红裙的少女，撑把红色的伞，在灰蒙蒙的雨中漫步，似在回忆，似在寻觅。雨丝密密地落在小伞上，那么轻，那么细，仿佛生怕惊动这沉思的人儿。

这段景物描写，充分抓住了景物和人物心情之间的相似点，用“如线如丝”的细雨来表现少女丝丝缕缕的回忆，生动而形象。

不及汪伦送我情

> 李白乘舟将欲行，忽闻岸上踏歌声。
> 桃花潭水深千尺，不及汪伦送我情！
>
> 李白《赠汪伦》

这是一首表达友谊的脍炙人口的小诗。诗中采用了婉曲和比物的方法表达了作者与汪伦深厚的友谊。“李白乘舟将欲行”，用白描的手法直接入题。紧接着作者将笔法一转，由白描变成婉曲，“忽闻岸上踏歌声”，不直接说人，而是用歌声来指代人。“桃花潭水深千尺，不及汪伦送我情。”这是作者巧妙地利用桃花潭来作比，用桃花潭的深来与汪伦对作者的感情相比，从而表达了两人的深厚友谊。

这里，我们着重谈谈比物的手法。比物实际上是一种比较的方法，即用物的特点与人的某种特点或某些方面相比，从而突出人的特点。在中学生的作文中，比物是一种突出主要内容的有效方法。读者可以在比较中领略出所要表达的内容的突出性、感人性等。

例如在茹志鹃的小说《百合花》中，作者在文章的结尾写道："在月光下，我看见她眼里晶莹发亮，我也看见那条枣红底色上洒满白色百合花的被子，这象征纯洁与感情的花，盖上了这位平常的、拖毛竹的青年人的脸。"在这里，作者用比物的方法表现了年轻的通讯员为战友而牺牲的伟大及他那比百合还要纯洁的心。

比物的方法与拟物是不同的。拟物是比拟中的一种，指的是把人当作物来写，也就是使人具有物的情态或动作，或把甲物当乙物写。比物与比拟最大的区别在于是否将两物融为一体。比物是对两方的相似点进行比较。拟物是将两方相似处合二为一，并统一到一方。中学生在学习写作时应注意两者的不同，取长补短，发挥各自的优势。

多少楼台烟雨中

千里莺啼绿映红，水村山郭酒旗风。
南朝四百八十寺，多少楼台烟雨中。

杜牧《江南春》

这是抓住特点来描写景物的一篇名作，历来为人们所传诵。全诗描写了这样一些景物，有黄莺、绿树、红花、溪水、大山、小酒馆、寺庙、楼台及烟雨等。那么，作者为什么选取这些景物来写呢？

仔细体味我们就会发现，这些都是具有江南特色的景物。而且，可以说它们都是最能代表江南风光的。用这些景物来构成这幅《江南春》，可以说是再恰当不过的了。诗人在描写时，不仅在选景上下功夫，而且，在景物的安排上也煞费苦心。前两句，从整体上用啼莺、绿树、红花来概括江南的美景，用溪水环绕的村子和山中绿树掩映的小酒店这两个独具江南特色的景物来点明江南与北方的不同。从天气情况来看，这两句描写的都是晴天时的景物。但是我们知道，江南水乡是以烟雨蒙蒙著称的，如果没有雨，还是不能体现出江南来。作者当然了解这点。在后两句中，景物由晴转阴，描写了众多的寺院、楼台在烟雨中接受洗礼。由此，我们可以总结出，抓住了江南景物的特点是这首诗最大的特色。全诗淳朴自然，真挚感人。

在中学生的作文练习中，也要注意抓住景物的特点来描写。在描写景物时，要符合景物在不同境地下的特点。比如，同是描写桨声灯影里的秦淮河，朱自清笔下的秦淮河清新秀丽，静穆悠远。俞平伯笔下则细腻柔婉，迷离恍惚。又如，同是描写树，春天的树和夏天的树是不同的。在颜色的对比上，春天的树呈嫩绿色，夏天的树呈翠绿色。在树形的比较上，春天的树比较稀疏，夏天的树比较饱满等。虽然这些都是一些常识，而且其中的差别也并不是很大，但是，正是要在细小的地方写出特点，才能体现出景物的特色。因此，中学生在描写景物时，要注意抓住景物在不同环境下的不同特点。

日暮汉宫传蜡烛

春城无处不飞花，寒食东风御柳斜。
日暮汉宫传蜡烛，轻烟散入五侯家。

韩翃《寒食》

寒食，是中国一个传统的节日，它是人们为纪念春秋时的介子推被焚死绵山而形成的一种风俗。在清明节的前一天，家家禁火。这首诗题为《寒食》，就是描写了寒食这一天的生活场景。

诗人在这首诗中不是以描写风俗入手，而是从反风俗入手，从而形成鲜明的对比。“日暮汉宫传蜡烛”，这是反风俗的典型。本来应该禁火，可是皇宫里却凭着特权而“明知故犯”。这就与平常百姓家的凄凉色调形成强烈的对比。这是其一。其二，“轻烟散入五侯家”，又是一层对比。“轻烟”好似皇帝的恩泽，可这“恩泽”也只是被那些“近水楼台”的“五侯”得去，平常百姓是丝毫也得不到的。这样，作者就含蓄而巧妙地把皇帝利用特权、大臣利用地位的官场与权场，淋漓尽致地刻画出来。

在中学生的作文中，对比是常常运用的手法。但是，一些学生在运用对比时往往一团乱麻，没有头绪。这首诗就给同学们提供了一个很好的借鉴。分层次地对比，一层比一层深入，同时内含反讽，是这首诗在写法上的巧妙之处。我们运用对比手法时，可以借鉴其分层次对比的手法，有序有章，逐层深入。这样的文章既符合逻辑性，也具有深度。尤其在议论文写作中，这种分层次对比更具有优势。

迟日园林悲昔游

迟日园林悲昔游，今春花鸟作边愁。
独怜京国人南窜，不似湘江水北流。

杜审言《渡湘江》

这是作者在被贬途中经过湘江时写的一首表达思乡情怀的小诗。全诗通篇采用对比的形式来记叙，诗的前两句用往日的游园与今昔的场景进行对比。往日游园时，心情愉快；今日渡江时，心情悲凉。这是一层对比。今春的繁花似锦、鸟语花香与作者此时的忧愁悲凉又是一层对比。两层对比将作者此时的心情生动地刻画出来。“独怜京国人南窜”，是作者的自我描述、自我慨叹、自我怜惜，也是全诗的中心，是诗人忧愁悲伤的源头。“不似湘江水北流”，作者看到湘江水向家乡方向流去，而自己却因为被贬向遥远的边陲行进，不禁产生孤寂之感，可又无可奈何。

对比的运用为全诗表达情感增添了力度。诗中大体上有三层对比：一是往日游园的快乐与今日被贬的忧愁对比；二是明媚春光与此时作者的暗淡心情对比；三是湘江水流与作者背道而驰的对比。这三层对比，层层深入，将作者被贬后离家远去的痛苦心情淋漓尽致地表达出来。

我们日常写作文，通常使用两种对比方法。一种是横向的对比，即两个事物的对比或同一个事物的不同方面的对比。另一种是纵向的对比，即在时间和空间上的对比：现在与过去、现在与未来、此地与彼地等。对比手法在运用时，一般不受句式和篇幅的限制。也就是说，同学们可以在单个句子、句群或者段落中使用。同时，这种方法也不受体裁的限制，在记叙文、说明文及议论文中都可以采用。它的优势主要在于通过比较来加强中心思想的表达效果，增强表达力度，使文章具有感染力。

议论方法

KEWAI YUWEN YINGYONG XILIE

君恩如水向东流

君恩如水向东流，得宠忧移失宠愁。
莫向樽前奏《花落》，凉风只在殿西头。

李商隐《宫辞》

这是一首宫怨诗。作者用第一人称的口吻记述了宫女们的忧愁和无法改变的命运。诗的开头，以得宠者的语气，把君王的宠幸比作东流水，说明它的变化无常。然后，描写了在这样的变化中，宫女们进亦忧、退亦愁的状况。得宠时，担忧总有一天会失宠；失宠时，则满是愁苦。在结尾处，又以失宠者的口吻，用一个细节描写来增强议论的力度。“莫向樽前奏《花落》”，《花落》是乐府横吹曲中的一个笛曲的名称。作者用宫女们在君王面前演奏《花落》的细节，一方面来说明此时她们还很得宠，另一方面《花落》的曲名也暗示宫女们会像鲜花一样凋谢而不再得宠的。“花落”是双关语。“凉风只在殿西头”一句将这些宫女们如花般凋谢后的凄苦生动地描绘出来。

这首诗中，作者主要采用了议论的表达方式，并穿插了比喻、双关等手法，把宫女们的忧愁细致地描绘出来。议论的表达方式，把宫女们的命运清晰地摆在面前，而比喻、双关等手法的运用则使语气委婉含蓄。这样，全诗给人的感觉就是既能清楚地看到问题，又不至于说得太直接，让人无法接受。

在中学生的作文中，我们发现存在这样一种错误的观念。中学生们认为一些用于记叙文的手法，就不能用于议论文；同样，用于议论文中的手法，也不可以用于记叙文。在这种错误观念的指导下，中学生的作文中就出现了这样的怪现象，即议论文中全是议论，语言往往尖刻犀利。记叙文中全是记叙，一点议论也找不到。这两种状况对提高中学生的作文水平都是不利的。那么，在分析了李商隐的这首小诗后，同学们是不是有所启发呢？

尘世难逢开口笑

江涵秋影雁初飞，与客携壶上翠微。
尘世难逢开口笑，菊花须插满头归。
但将酩酊酬佳节，不用登临恨落晖。
古往今来只如此，牛山何必独沾衣？

杜牧《九日齐山登高》

这是一首抒发郁闷心情的诗。这天是九九重阳，作者与朋友们一起，带着酒登上齐山。此时的齐山一片翠绿，周围的江水绿波荡漾，初飞来的大雁影子清晰可见。在这样的美景中，人们都心情愉悦，可以开怀一笑。而这种场景在尘世中是难以遇到的。从这句话中，我们就读出了作者在尘世中的郁闷与无奈。虽然如此，但今天是重阳节，让那些郁闷到一边去吧，现在应该把握这份美好时光。头上插上菊花，开怀畅饮吧，不要辜负这美好的佳节。在这部分，作者虽然表面看来很愉快，但我们能看出他这愉快背后的辛酸。“古往今来只如此，牛山何必独沾衣？”作者像是在安慰别人，也像是在安慰自己。古往今来尘世都是这样，牛山（指代齐景公在牛山落泪的典故）上又何必落泪呢？

这首诗主要以议论的方式来表达中心。在诗中，作者用了“须插、但将、不用、何必”等词语来增强议论的效果，使得全诗处处有感慨，但这些感慨又如羚羊挂角，无迹可寻。这就是作者的高明之处。

议论文是一种常见的文体，夹叙夹议则是一种更灵活的表达方式。但是，由于缺少技巧，我们的议论往往直白，使得所议内容显得苍白、稚嫩。通过分析这首诗，同学们可以借鉴其含蓄的议论方法。也就是，在描写和记叙的过程中，用议论式的语言来点染。议论的口气隐藏在描写和记叙中，从而达到既深刻地表达了主题思想，又使文章含蓄、耐人寻味的效果。

采得百花成蜜后

不论平地与山尖，无限风光尽被占。
采得百花成蜜后，为谁辛苦为谁甜？

罗隐《蜂》

这首诗歌咏了勤劳的蜜蜂辛劳一生而无所求的品格。全诗采用了叙议结合的方法。诗的开头，作者以夸张的手法描绘出蜜蜂的辛勤足迹遍及高山平地，无限的风光尽是它的领地。这种有意的夸张为后面的议论埋下了伏笔。作者感叹道："采得百花成蜜后，为谁辛苦为谁甜？"这样能干的蜜蜂在取得了那么多的劳动成果之后，自己又能得到什么呢，它的辛苦是为了谁？作者以反诘的语气加强了议论的效果。

叙议结合是这首小诗的特色之一。作者用夸张的叙述为议论做铺垫，同时，又用反诘的议论与叙述相对比。这样使叙述更真实，议论更有力。在中学生的作文中，特别是由一件事情来阐发一个道理或抒发某种感情时，这种叙议结合的手法是可以采用的。

例如，我们学过鲁迅先生的《一件小事》，其中就采用了叙议结合的方法，同学们可以借鉴一下。首先，鲁迅先生记叙了小事的经过：一个妇女被"我"的黄包车刮倒了，"我"认为不要紧，让车夫继续拉车，可是，车夫却停下来，扶起那女人向前边的巡警分驻所走去。然后，面对这样一件小事，针对两种不同的态度，作者感慨万分："我这时突然感到一种异样的感觉，觉得他满身灰尘的后影，刹时高大了，而且愈走愈大，须仰视才见。而且他对于我，渐渐地又几乎变成一种威压，甚而至于要榨出皮袍下面藏着的'小'来。"通过这样的议论，鲁迅先生将人性中都有虚伪的一面揭示出来，同时，用"善"来与之对比，体现出"善"的伟大。

群山万壑赴荆门

群山万壑赴荆门，生长明妃尚有村。
一去紫台连朔漠，独留青冢向黄昏。
画图省识春风面，环珮空归月夜魂。
千载琵琶作胡语，分明怨恨曲中论。

杜甫《咏怀古迹五首（其三）》

这首诗是自古以来歌咏明妃王昭君的名篇之一。诗人用气势恢宏的语言刻画出一代明妃的风采及其一生的痛苦遭遇，读后令人感慨万分。

诗人没有用直接的议论来说明明妃的生平及事迹，而是通篇从明妃的形象方面着手来表达议论的主题。首联，作者即用大自然景观的豪迈气势来渲染出明妃生长的地方，从而为明妃心系祖国的高大形象铺染。“一去紫台连朔漠，独留青冢向黄昏。”这是明妃悲剧一生的生动写照。紫台和朔漠相距千里，而明妃的命运却将两者相连，由此一个孤寂的女子辗转于统治者之间的政治关系中的形象就被勾勒出来了。“画图省识春风面”，这一句更描写明妃的身系家国之情。因为汉元帝的昏庸无能，选妃子不是由自己亲选，而是由画工来画，宫女们的命运也就因此受到画工的摆布。这样，致使许多才貌双全的女子遭到了不公平的待遇。“环珮空归月夜魂”，明妃在遭受到不公正的待遇而远嫁异乡后仍然心系家乡，心系人民。在月夜明朗的时候，她的魂灵还朝向家乡的方向。“千载琵琶作胡语，分明怨恨曲中论。”魂归异地，作者用一曲琵琶来弹奏出明妃的哀怨和对统治者的痛恨。

在中学生的作文中，用形象来议论是一种较新的方法。这种方法通常用来含蓄地表达中心思想，增强文章的可感性。例如在本诗中，到处都是明妃的形象，或悲，或怨，或怒，或愁，而这些形象背后寄托了作者自己的悲怨哀愁。对于国家，作者同明妃一样心系祖国，可是却同样遭受到了不公正的待遇。诗人借明妃的形象来表达对统治者的控诉及对其卑劣行径的鞭挞，这样的表达既深刻又发人深思。

钟山何处有龙盘

北湖南埭水漫漫，一片降旗百尺竿。
三百年间同晓梦，钟山何处有龙盘？

李商隐《咏史》

这是一首咏史诗，诗中借建都在金陵的六朝先后灭亡的史实表达了“人杰地灵”中“人杰”才是最重要的思想。诗的前两句描写了六朝古都经历了几次改朝换代后的萧条景象。北湖和南埭是金陵的重要胜地，六朝帝王都在那里娱乐。可是，此时的胜地却已变成一片汪洋，百尺高的降旗出现在城头上。看到这片景象，作者感叹道：三百年来，历代统治者都梦想着借助这块宝地来使自己的统治长久下去，可是到头来，谁又能做到呢？哪里有什么宝地呢？诗人通过描写景物的变化来表达人事的变化。景物描写层层推进，诗人的议论也层层深入。华丽的宫殿变成了一片汪洋，作者慨叹朝代的兴与衰。不仅如此，一片百尺高的降旗更揭示出亡国的屈辱与无奈。全诗写景与议论有机结合，景色明快，议论含蓄。层层的景色，层层的议论，使全诗韵味十足。

在中学生作文中，往往出现景物描写与主观议论各占一边的现象。这种现象会导致文章结构混乱，内容分散。采取描写与议论相结合的办法，在一定程度上会避免这些问题。欣赏下例小文，或许有所启发：

……那里的水都是山裁剪的涓流，水依山脉而绕，山脉多变，水也曲折；山皆石而少土，水也清澈透底；因为水清，更因为水曲，所以水势舒缓如镜，这样溪水就有足够的耐心将两岸的景致，一纹不折地很工笔地摄入涧底，漂在水中，非常自然主义地铺陈；深秋就是一卷铺到天涯的画不尽的油画；稍有风起，就有些中国文人画的写意；倘若暴雨骤至，那就是一川烟雾泼墨效果图了。

…………

湘西的水很静很静。雨夜，你可以卧听一片无边无际的沙沙落叶声，那是很悦耳的愁绪声。星月之夜，你可以听见檐下灯影里老人的叹息声。（选自《湘

西的水》，作者：李大伟）

这段小文描写了湘西的水。但是，与众不同的是，作者是边写景，边议论，写景与议论相结合。如写水势的舒缓，作者用镜子来作比，然后加上自己的议论，认为水中的倒影是“非常自然主义地铺陈”等。这样写，就拉近了作者与读者的距离，使读者在对景物的欣赏中，与作者共鸣。

吴人何苦怨西施

家国兴亡自有时，吴人何苦怨西施。

西施若解倾吴国，越国亡来又是谁？

罗隐《西施》

这首小诗充满了辩论的色彩，作者采用驳论的方式来阐明自己的观点。在诗中，作者驳斥了世人把吴国的灭亡归罪于西施的论断，认为不应该把国家的灭亡归罪于一个弱女子。作者反驳道：如果把吴国的灭亡归罪于西施，那么越国的灭亡又怪谁呢？

驳论是一种论证方式。它以充分有力的证据去驳斥对方论点，并在驳斥的过程中树立自己正确的论点。这种方法又叫反驳。一般包括反驳对方论点的错误，反驳对方论据不足或无法说明论点，反驳论证中出现的语言、逻辑等的错误三种方式。

以本诗为例，作者用越国的灭亡来反驳世人的偏见，这是逻辑性很强的一种反驳。因为，如果世人的观点成立，即吴国的灭亡由西施负责，那么，由此来推，越国的灭亡也应该由女人来承担。可这就与越王并不宠幸女色的事实相违背。由此，有力地反驳了世人的观点。

反驳是一种很好的论证方法，我们在写议论文时可择机使用。通过反驳一种常见的错误观点，使自己的观点逐步完善，从而增强说服力。需要指出的是，在运用反驳方法时，我们应当保持科学的态度，应当以理服人，不能强词夺理。如果陷入诡辩里，那就更不好了。同时，要充分尊重别人的人格与权利，保持公正、准确的论证。

擒贼先擒王

挽弓当挽强，用箭当用长。
射人先射马，擒贼先擒王。
杀人亦有限，列国自有疆。
苟能制侵陵，岂在多杀伤。

杜甫《前出塞九首（其六）》

这是关于战争题材的一首名诗。全诗起承转合自然流畅，足见诗人的写作功底。从内容上看，前四句以类似民谣的手法描写了作者对作战技术的看法。“挽弓当挽强，用箭当用长。”

这是从战争使用的武器准备方面来说的。“射人先射马，擒贼先擒王”，则是从战争的攻击目标来谈的。这四句诗，总体上给人的感觉是，要进行一场大战必须做好充分的准备，才能克敌制胜。诗的后半部分，作者将笔锋一转，由准备战争转到如何节制武功、避免穷兵黩武上来了。这也正是全诗的关键所在。

在看完这段分析后，有的同学不明白前后两部分的关系。这里，就提到了一种写作手法，那就是抑扬结合。如果按通常的思维，由诗的前半部的准备战争到后面一定是描写战争场面了。然而，本诗却并非如此。作者一开始描写战略战术是一种铺笔，指的主要是为抵制外来的侵略而做准备。但是，认为已经做了战斗的准备就随便地发动战争，穷兵黩武，那就是不应该的。这就是抑扬结合的方法。

在中学生的作文中，抑扬结合的方法可以用于议论文写作中。尤其是反驳性的文章，要先指出被反驳的论点在一定程度或某种角度的正确性，然后，由它的某一方面来推导或得出不正确的结论，最后，亮出自己的观点。这就是先扬后抑方法的运用。这种方法，既符合逻辑思维的顺序，也能增强文章论点的说服力，值得中学生参考。

在古今的优秀作品中，有许多名篇采用了这种抑扬结合的方法。在杨朔的散文《荔枝蜜》中，作者赞美了蜜蜂的“对人无所求”，而“为人类酿造最甜的生活”的崇高精神。然而，在文章的开头，作者却先写了自己被蜜蜂蜇了一口，“感情上总是疙疙瘩瘩”的，然后，随着自己对蜜蜂的逐步了解，逐渐改变了印象。在《冯谖客孟尝君》（《战国策》）中，同样采用了抑扬结合的方法。在开始时，作者写冯谖在生活上向孟尝君要这要那，却没有帮助孟尝君做一件事情，所有的门客都十分讨厌他。这是先抑。当孟尝君要收税时，他主动请求去完成任务。而且，不仅如此，他还为孟尝君的将来认真地考虑，使孟尝君后来虽遭贬斥却受到封地百姓的欢迎。这时候，孟尝君才感受到冯谖的聪明才智和过人的胆识。这是后扬。

不问苍生问鬼神

宣室求贤访逐臣，贾生才调更无伦。
可怜夜半虚前席，不问苍生问鬼神。

李商隐《贾生》

贾生指的是西汉著名的政论家、文学家贾谊。这首诗以贾谊被贬长沙为题材，揭露统治者庸俗无能，不能任人唯贤的丑恶嘴脸。这首小诗构思奇特，以不同常法的角度来描写统治者的无能与置国家、人民于不顾的行径。

“宣室求贤访逐臣，贾生才调更无伦。”宣室是汉文帝的宫殿正厅，这里是借代的手法，用宣室来借代文帝。诗的开头从正面入手，一方面写文帝求贤若渴，一方面写贾谊的少年才俊。两方面互相映衬。“可怜夜半虚前席，不问苍生问鬼神。”从这里开始，作者的笔锋直转而下，从反面辛辣地讽刺文帝不注重国家社稷，只关心自己的长生不老的昏庸形象。而这一描写又与首联的正面歌颂形成鲜明的对比。读到这里，人们恍然大悟，原来文帝求贤若渴的目的是为了自己长久的统治，而不是为了人民啊！这种前后的反差使讽刺的效果更佳。

独特的讽刺是这首诗给学生作文提供的可借鉴之处。讽刺是指用比喻、夸张等手法对不良的或愚蠢的行为进行揭露或批评，辛辣而独到的讽刺可以增强文章的力度。一些著名的作家，中国的如鲁迅、钱锺书、老舍等，外国的如果戈理、马克·吐温、巴尔扎克等，在他们的作品中都经常采用讽刺的方法来揭露或批判一些社会问题。中学生在语文学习时，可以比较一下各个名篇中不同的讽刺方法以及取得的效果。然后积累下来，在自己的写作中练习使用。长此以往，会有明显的效果。

静夜四无邻

静夜四无邻，荒居旧业贫。
雨中黄叶树，灯下白头人。
以我独沉久，愧君相见频。
平生自有分，况是蔡家亲。

司空曙《喜外弟卢纶见宿》

这首诗运用了多种方法来表达中心思想，如比兴兼用、对比烘托、比喻设喻以及反正相生等。这里我们着重分析这首诗是如何运用反正相生的方法的。“静夜四无邻，荒居旧业贫。雨中黄叶树，灯下白头人。”这四句描写作者的生活状况。“无邻”“荒居”“旧业”点明诗人的贫苦生活，“静夜”“雨中”“灯下”描绘出此时作者的孤独与寂寞。这四句连在一起，将诗人贫苦潦倒又孤苦伶仃的状况真切地表现出来，给人一种“悲”的滋味。“以我独沉久，愧君相见频。平生自有分，况是蔡家亲。”诗的后半部分，描写了诗人的表弟也是好友卢纶来到诗人家里的情景。表弟的到来令诗人十分惊喜，孤寂的心情暂时得到缓解。但是，想到自己的贫困，诗人又觉得有愧。一个“愧”字，又将这份惊喜蒙上了一份悲的色彩。真是悲喜交加啊！

可以说，在这首诗中蕴含的悲与喜的感情，是一正一反两方面相互映衬的结果。正反相生，突出了中心，深化了主题。

我们写作文，正反相生是一种突出主题的有效方法。通常，这种方法运用于说明道理的文章中。从正反两面来分别加以说明，并且通过正反对比来突出一方，以达到深刻地说明道理的目的。

修辞技巧
KEWAI YUWEN
YINGYONG XILIE

湖光秋月两相和

湖光秋月两相和，潭面无风镜未磨。
遥望洞庭山水色，白银盘里一青螺。

刘禹锡《望洞庭》

湖光秋月下，作者漫步洞庭。此时的潭面平静无风，好像是还没有被磨的镜子。远远望去，整个洞庭的山山水水，好似一个白银盘子里盛了一只青螺。

历来对于洞庭湖的描写是很多的。刘禹锡的这首小诗能长久为人们所称颂，其原因何在？我们来分析一下：从内容方面，描写了湖光、秋月、潭水等，这些都是比较常见的，可见并不是这首诗的过人之处。那么，它的闪光点到底在哪儿呢？其实，就是高超的比喻手法。

比喻是中学生作文中常见的修辞手法，许多中学生已经能够自如地运用比喻了。但是，我们也应看到，同学们在使用过程中，还存在许多的不足，以致使比喻平平淡淡、索然无味。

那么，如何运用才可以发挥比喻的作用呢？英国著名的作家王尔德有一句名言："第一个用花比喻姑娘的是天才，第二个用花比喻姑娘的是庸才，第三个用花比喻姑娘的是蠢材。"这句话向中学生提出了比喻贵在创新的要求。我们一般用比喻修辞，多是就事物本身而言，视线相对来说比较狭小。而这首诗则扩展了视野，运用丰富的联想、想象，使得本体和喻体都开阔了。这首诗中，把整个洞庭山水都加以想象，而不是拘泥于小节的写法就值得同学们参考。

又如，英国天文学家琼斯在说明地球的年龄时，做了一个比喻：

> 有一座巍巍的高山，比如说高加索的厄尔布鲁士山吧，再假定有一只麻雀，它无忧无虑地跳来跳去啄这座山。那么，这只麻雀把厄尔布鲁士山啄光得多少时间，地球就存在多长时间。

在这个比喻中，作者没有局限在地球本身存在的具体时间来思考，而是抓住了地球存在的时间非常长这个特点，将它联想成麻雀啄山那样漫长，两者在时间的长度上是非常相似的。这个比喻将抽象的数字形象化，容易理解。这就是在比喻的思路上开拓的结果。

花非花，雾非雾

花非花，雾非雾，夜半来，天明去。
来如春梦几多时？去似朝云无觅处。

白居易《花非花》

是花，又不是花。是雾，又不是雾。似花也似雾，一片朦胧。半夜的时候来了，天明的时候又走了。来的时候像春梦一样短暂，去的时候却像早上的云雾一般消失得无影无踪。

这首诗充满了朦胧的意境美，就像一个谜语一样让人浮想联翩。这样的艺术效果是由其运用的博喻的手法产生的。博喻是修辞手法的一种，是指由多个喻体组成的共同比喻一个本体的方法。以本诗为例，本体像谜一样隐藏起来，全诗出现的都是喻体，用花、雾、春梦、朝云来比喻本体。作者紧紧抓住这些景物都有朦胧感的共同特点来对同一事物作比。那么，像这样的手法，就是博喻。

从我们会写作文起，就知道比喻这种修辞手法，而且还经常使用，甚至能信手拈来。但是，这种由几个喻体来比喻同一个本体的博喻手法却不常见，也不常用。其实，博喻手法是一种有效的修辞手法。在我们的作文中，如果能够恰当地运用，会增强表达效果，提高文章的艺术性。

朱自清先生在《荷塘月色》中，准确而巧妙地运用了博喻的手法，让我们感受到了一种充满想象又如临其境的美：

> 曲曲折折的荷塘上面，弥望的是田田的叶子。叶子出水很高，像亭亭的舞女的裙。层层的叶子中间，零星地点缀着些白花，有袅娜地开着的，有羞涩地打着朵儿的；正如一粒粒的明珠，又如碧天里的星星。微风过处，送来缕缕清香，仿佛远处高楼上渺茫的歌声似的。……

在这段柔美的荷香月色中，作者用了博喻来形容荷塘中的荷花：“正如一粒粒的明珠，又如碧天里的星星。”这几个形象的比喻就把姿态各异的荷花淋漓尽致地表现了出来。这也正是博喻的独特之处。

边城暮雨雁飞低

边城暮雨雁飞低，芦笋初生渐欲齐。
无数铃声遥过碛，应驮白练到安西。

张籍《凉州词三首（其一）》

《凉州词》是反映边塞生活的一组诗。这首诗是其中的第一首。诗人通过对边塞风景及生活的描写来反映对唐朝边事的忧虑和不满。“边城暮雨雁飞低，芦笋初生渐欲齐。”这是对边城风景的描写，暮雨、大雁、芦笋等表现出边城的特色。“无数铃声遥过碛”是通感的写法，无数的铃声是听觉的反应，可是却引起人们视觉上的感觉。听到无数的铃声，人们仿佛看到无数的骆驼正排着长长的队伍走向遥远的沙漠。“碛”是指由沙石积成的浅滩或沙漠。“应驮白练到安西”，作者表达了自己的看法。他认为这些骆驼载着这么多丰富的物产，应该到安西才对。可是，实际上，它们不是去安西，而是到吐蕃去。由此，作者表达出对唐朝边事的不满和忧虑，如此多的疆地和富饶的物产都流落别处了。

这首诗中表达的是边疆统治的问题，这里我们不作分析。本诗中，有一个值得提起的问题就是通感手法的运用。“无数铃声遥过碛”，这里的通感是视觉和听觉上的通感。在中学生写作文时，特别爱用的修辞手法就是比喻。其实，通感也是一种比喻，只不过它的本体和喻体是由于感官的相通而作比。

例如，在钱锺书的《围城》中，有这样一段：“方鸿渐看唐小姐不笑的时候，脸上还依恋着笑意，像音乐停止后袅袅空中的余音。许多女人会笑得这样甜，但她们的笑容只是面部肌肉的柔软操，……”不笑的“笑意”是从视觉看到的，“余音”是从听觉听到的，“甜”是从味觉感到的。这是由视觉通过听觉，又通过味觉来描写唐小姐的笑意，再联系许多女人笑得很甜，就更确切地表达方鸿渐对唐小姐的情意。这正是通感的好处。

解通银汉应须曲

莫把阿胶向此倾，此中天意固难明。
解通银汉应须曲，才出昆仑便不清。
高祖誓功衣带小，仙人占斗客槎轻。
三千年后知谁在？何必劳君报太平！

罗隐《黄河》

这首诗题为《黄河》，但并非是歌咏黄河的诗。诗中，作者借黄河来比喻当时的科举制度，从而嘲讽了利用科举中的一些不正当手段向上爬的势利小人，也嘲讽了科举制度的虚伪。

“莫把阿胶向此倾，此中天意固难明。”开头颇有议论式的特点，直接点明科举的浑浊就像黄河的浑浊一样，即使用阿胶来澄清也无济于事。“解通银汉应须曲，才出昆仑便不清。”用九曲黄河来作比，指出要想攀上高枝必须用曲折的办法来达到目的。这也就是在讽刺科举制度中存在的不正当性，内中有许多腐败问题。由此，进一步批判了科举的黑暗。在诗的后半部分，诗人引用典故。一是引用汉高祖在统一国家，分封封地时说的“你们的爵位只有到了黄河变成腰带那样狭窄，泰山变成磨刀石那样平坦时才可能失去”这句话来说明历来统治者对于自己的统治都非常的贪婪，想要一生一世甚至世世代代都霸占高位，享受荣华富贵。典故之二是说明这些想要做官的人必须借助在高位的人引荐，这样想要获得一官半职就很容易了。这两个典故又从历来的惯例方面来揭露统治者的自私自利，揭露出科举制度实际上就是权钱交易场。最后，诗人将激愤一怒而发，鞭辟入里地鞭挞统治者及科举的丑陋嘴脸。

在这首诗中，以黄河来作比进行讽刺的写法就是讽喻。在中学生作文中，讽喻的方法可以用于议论文的写作中。讽喻的方法有利于增强文章的幽默感和形象性。同时，在笑声中的讽刺要比严肃的批判更有力度，表达效果更鲜明，更能引发读者的思考。例如，果戈理《钦差大臣》、马克·吐温《竞选州长》、老舍《茶馆》、鲁迅《阿Q正传》、钱锺书《围城》、吴敬梓《儒林外史》以及晚清的四大谴责小说等，这些名篇都是在嬉笑怒骂中给人以深刻的震撼，使读者在笑过之后留下某些思考在心里。这就是讽喻的好处。

石破天惊逗秋雨

吴丝蜀桐张高秋，空山凝云颓不流。
江娥啼竹素女愁，李凭中国弹箜篌。
昆山玉碎凤凰叫，芙蓉泣露香兰笑。
十二门前融冷光，二十三丝动紫皇。
女娲炼石补天处，石破天惊逗秋雨。
梦入神山教神妪，老鱼跳波瘦蛟舞。
吴质不眠倚桂树，露脚斜飞湿寒兔。

李贺《李凭箜篌引》

这首诗是诗人为箜篌演奏家李凭所作。全诗大胆想象，刻画细致，形象生动地将李凭的过人才艺表现出来。从颈联起，作者开始正面描写乐音。“昆山玉碎凤凰叫”，连用了三个比喻：用昆山的连绵来比喻乐音的连绵，用玉碎来比喻乐音的清脆，用凤凰的鸣叫来比喻乐音的奇特。“芙蓉泣露香兰笑”，作者又用感官的知觉来作比：“芙蓉泣露”是说荷叶上的露珠，它圆润晶莹；“香兰笑”是说芳香的兰花张口欲笑，鲜艳美丽。这两个描写一个是视觉感受，一个是嗅觉感受。但作者把它们连在一起来比喻声音，这是通感的手法。这样写，就把李凭的箜篌声描绘得可听、可看、可闻、可感。

在中学生的作文中，可以运用通感的手法增强文章的表现力。通感是修辞手法之一。它是指人们通过视觉、听觉、触觉、味觉和嗅觉等五官感知外界事物时，彼此不能交错；但在一些特殊的情境下，却可能出现五官感知相互交错的现象。通感的方法在古今中外的文学作品中都有所运用。例如：“山色逐渐变得柔嫩，山形也逐渐变得柔和，有一伸手就可以触摸到凝脂似的感觉。”（碧野《天山景物记》）这里是视觉和触觉的交错。“歌台暖响，春光融融；舞殿冷袖，风雨凄凄。”（杜牧《阿房宫赋》）“暖”是触觉，“响”是听觉，“冷”是触觉，“袖”是视觉，在这短短的16个字中，作者两次用通感来转移感觉，使全诗富有变化。“在这叫喊声里——充满着对暴风雨的渴望！在这叫喊声里，乌云听出了愤怒的力量、热情的火焰和胜利的信心。”（高尔基《海燕》）这里，“听”与“力量、火焰和信心”相连，是听觉与视觉相互交错的结果。

中学生在作文中运用通感的修辞手法，可以使文章形式新颖，语言富有表现力，生动形象。同时，可以渲染气氛，启发读者的联想和想象。

一片冰心在玉壶

寒雨连江夜入吴，平明送客楚山孤。

洛阳亲友如相问，一片冰心在玉壶。

王昌龄《芙蓉楼送辛渐》

这是诗人王昌龄在芙蓉楼送别友人辛渐而作的一首送别诗，历来被广为传诵。在一个秋季的夜晚，天色昏暗，迷蒙的烟雨笼罩着吴地的江天。清晨天明时分，诗人送好友北行，远远望去，楚山孤零零地耸立在那里，徒增孤寂之感。临别之前，诗人叮嘱友人："如果洛阳的亲戚和朋友问起我的话，请代我转告他们，我的一颗如冰一样晶莹剔透心已藏在了清洁的玉壶里，不会被世俗玷污的。"

"洛阳亲友如相问，一片冰心在玉壶"是历来被人们称颂的一句。它化用了唐人姚崇《冰壶诫》中的一句："内怀冰清，外涵玉润，此君子之德也。"在这里，诗人用把自己的心比喻成冰，表明自己的心地是如同玉壶中的冰一样明洁清白的，诗人洁身自好，性格坚强，不随波逐流的高洁品格被形象地表现了出来。比喻这种修辞手法在文学作品中俯拾皆是。诗人公刘在《上海夜歌》中有过一个很精彩的比喻。"时针和分针像一把巨剪，一圈又一圈，铰碎了白天。夜色从二十四层高楼上挂下来，如同一幅垂帘。上海立刻打开它的百宝箱，到处珠光闪闪。灯的峡谷，灯的山，灯的河，……纵横的街道是诗行，灯是标点。"这里不仅有明喻而且有暗喻。"巨剪""垂帘""百宝箱""峡谷""山""河""诗行""标点"都是我们十分熟悉的事物，用这样的喻体能给人一种形象的感受，将上海繁华热闹的夜景呈现在读者眼前。比喻是一种相对简单的修辞手法，也是目前为止同学们在写作中把握运用得最好的手法。让我们从生活中发现美、感受美，并用手中的生花妙笔，以灵动优美的比喻来表达我们对世界的感悟吧！

烟波淡荡摇空碧

柳湖松岛莲花寺，晚动归桡出道场。
卢橘子低山雨重，栟榈叶战水风凉。
烟波淡荡摇空碧，楼殿参差倚夕阳。
到岸请君回首望，蓬莱宫在海中央。

白居易《西湖晚归回望孤山寺赠诸客》

这是一首描写孤山寺的诗。诗中描写了作者在与诸客听完寺里的讲经之后，在归途中的所见及对讲经的感受。柳湖，即湖堤有柳。松岛，即孤山有松，因山在湖北侧，故称。作者听经归来，与诸客同行。枇杷硕果累累，在雨中，仿佛将大山压低。栟榈叶扇动着肥大的叶子，遇到水，仿佛把风都扇凉了。烟气与雾气袅袅，仿佛摇荡着空空的碧水。参差的楼台宫殿，倚在夕阳中。乘船到彼岸，与诸君回首望去，莲花寺就像蓬莱宫一样，立在海中央。

这首小诗，两处采用了拟人的修辞手法。“烟波淡荡摇空碧”，一个“摇”字，就把烟波袅袅的感觉拟人化了，形象生动。“楼殿参差倚夕阳”，一个“倚”字，把楼台参差地立在夕阳中的景象淋漓尽致地表现出来。这里，作者抓住了烟波与楼台的特点，用人的动作表现出来，使诗句富有活力，使读者有亲切感。

下面这个中学生习作就是采用拟人手法描写春景：

婀娜多姿的垂柳，用它那纤长的手臂抚摸着岸边的小草，小草也欣喜地伸长脖子，望着这充满生机的大千世界。溪中鱼儿嬉戏，互相追逐，缓缓晃悠的水草把它们时而托出了水面。如绮的红霞铺在江面上，白鹅引吭高歌。这一切是多么和谐而富有诗意，不正构成了一幅完美无缺的“春景图”吗？

这段描写大量地运用拟人的手法，如把垂柳的枝条拟成少女纤细的手臂，“抚摸”小草；把白鹅的鸣叫拟成“引吭高歌”。整个文章在生动的比喻中活了起来，也符合春天充满生机的特点。

飞流直下三千尺

日照香炉生紫烟，遥看瀑布挂前川。
飞流直下三千尺，疑是银河落九天。

李白《望庐山瀑布》

这是一首我们从小就耳熟能详的诗。从题目就可看出诗中描绘的是庐山瀑布的美景。香炉峰在太阳光的照射下好似生起紫色的烟霞。远远地看去，瀑布好似一条白练挂于山川之间。水流从高空倾泻而下，好像银河从天而降。

很明显，这首诗用了极度夸张的写作手法。但又很自然，给人留下了丰富的想象空间。作为写作方法的夸张，是指在描写人或事物时，为了突出本质特征，在现实的基础上，对形象作必要的扩大或缩小，以加强文章表达效果的一种艺术手法。“飞流直下三千尺”，就是运用了扩大的夸张方法，极言瀑布的长。这种方法如果能够被恰当地应用到我们的写作中来，必能使文章增色不少。举例来说，杨朔的《雪浪花》中有这样一段对话：“老泰山应声说：‘好了。’就用大拇指试试剪子刃，大声对我笑着说：‘瞧我磨剪子，多快。你想剪天上的云霞，做一床天大的被，也剪得动。’”这是对剪子锋利程度的夸张说法。在《毛主席纪念堂》一文中对人民英雄纪念碑的描写：“人民英雄纪念碑耸入蓝天。”用“耸入蓝天”形容人民英雄纪念碑之高。总之，夸张手法的运用，可以更突出描写对象的特征。但要注意的是，夸张要以事实为基础，正如鲁迅先生所说：“漫画虽然有夸张，却还是要诚实。”所以，我们千万不能一味地为了渲染而信口开河。

二月春风似剪刀

碧玉妆成一树高，万条垂下绿丝绦。

不知细叶谁裁出，二月春风似剪刀。

贺知章《咏柳》

柳树以她那丝丝垂下的修长枝条得到无数文人的厚爱，常常被用来比喻美女的绰约风姿。由于“柳”又是“留”的谐

音，因此古人也有折柳送别的习惯。自古以来吟咏柳树的诗不计其数，而贺知章的这首《咏柳》颇负盛名。诗中的碧玉指的是青绿色的玉石，这里用来比喻春柳碧绿的颜色。碧玉般的杨柳亭亭玉立，装扮得如美人儿一般，万条垂下的绿丝，像少女的裙带和纤腰在风中款款摆动；枝上的片片细叶不知是被谁的巧手裁剪得那样整齐、细致呢？原来是二月的春风像剪刀一样，裁剪出许多细叶，也裁剪出眼前这美丽的花草，裁剪出整个美丽的春天。这首诗最典型的写作手法是比喻修辞手法的巧妙运用。用“剪刀”来比喻“春风”显得形象生动，贴切自然。

《礼记·学记》中说：“不学博依，不能安诗。”意思是说不学习广博的譬喻就不能写好诗。可见比喻的方法一直是被文人所重视的，而比喻用得好的例子更是举不胜举。一位同学的习作《雨》中是这样描写雨的：“钻进雨帘，小雨滴便迫不及待地落在你的眉间，你的唇上，你的头发里，慢慢地，小雨滴汇集在一起沿着领子直泻而入，蛇一般穿进，沿胸滑下。这时候，你会感觉到你就是一滴雨，晶莹剔透，清清凉凉。”（2001年1月5日《现代写作报》）把落在领子里的“小雨”比作“小蛇”，细致入微地写出了对雨的独特而细腻的感受，写得是那么富有情韵，富有美感，小作者对雨的喜爱之情充溢于字里行间。

中学生朋友们在运用“比”时，一定忌落窠臼，力求新颖，不去做第三个把美人比作鲜花的蠢材。

蓬莱有路教人到

渤澥声中涨小堤，官家知后海鸥知。

蓬莱有路教人到，应亦年年税紫芝。

陆龟蒙《新沙》

这是一首讽刺诗。诗中讽刺的是官府搜刮百姓，征收苛捐杂税的丑恶嘴脸。“渤澥声中涨小堤”，描写了在大海中央的一个荒岛上，由于海水的长年冲积和灌溉，在海滩上形成了一块天然的沙荒地。“官家知后海鸥知”，在海上来回飞的海鸥还没有注意到这块荒地的存在，但是，官家却已经知道了。这句话辛辣地讽刺了那些整天绞尽脑汁搜刮人民的税官，他们到处搜寻可以征税的地方，其速度之快令人咋舌。然后，作者又进一步进行嘲讽，“蓬莱有路教人到，应亦年年税紫芝”。如果蓬莱仙岛有路的话，那么那里的灵芝仙草也难逃被征税的厄运。

这首诗中两次运用夸张的手法来进行讽刺。一是，“官家知后海鸥知”，用夸张的手法来说明官家搜寻速度之快。二是，诗的尾联，用夸张的手法写出蓬莱如果有路，那么也会有收税官的足迹。这两处夸张是用近乎玩笑的语气说出来的，但玩笑背后，却透着尖刻的讽刺。

在中学生的作文中，夸张的手法是比较常见的。一般的夸张分为三类：一类是扩大夸张，一类是缩小夸张，还有一类是超前夸张。中学生在写作文时，这三类夸张都可以尝试。恰当地运用夸张可以表现出作者对事物鲜明的感情态度，从而引起读者的强烈共鸣。同时，通过对事物的渲染，可以引起人们丰富的想象，有利于突出事物的本质和特征。

轻舟已过万重山

朝辞白帝彩云间，千里江陵一日还。
两岸猿声啼不住，轻舟已过万重山。

李白《早发白帝城》

诗人李白曾蒙冤被流放，在奔赴流放地的路上，忽然听到皇帝赦免自己的消息，于是在白帝城掉转方向，放舟东下江陵。欣赏这首诗，好像在听一首悠扬、轻快的乐曲，字里行间渗透着欢愉、兴奋的情绪。

“两岸猿声啼不住，轻舟已过万重山。”这显然是一种夸张手法的运用，“轻”舟再轻，也不可能在很短的时间内行过“万重山”呀。这是用夸张的手法来表现船运行之快速。夸张是有意夸大或缩小事物的某一方面的特征。这句诗是扩大夸张的典范。

扩大夸张的例子举不胜举，如李白有“蜀道之难难于上青天”的诗句，把蜀道的难走说成比登天还难，给读者一种想象的空间。再如“雷锋出差一千里，好事做了一火车”是夸张雷锋做好事做得多。巴尔扎克描写老葛朗台，看到金子后“连眼睛都是黄澄澄的，染上了金子的光彩”，夸张地表现了这个守财奴对金钱的痴迷程度。梁实秋在《雅舍小品·男人》中有一段话：“有些男人，西装裤尽管挺直，他的耳后脖根，土壤肥沃，常常宜于种麦。”这是一段近乎于漫画般的夸张表现技巧，让人读后忍俊不禁，脑海里便随之出现了这样的一幅画面。可见，如果善于观察事物的特点，并巧妙地运用夸张手法，是可以给文章增色的。

江流天地外

楚塞三湘接，荆门九派通。
江流天地外，山色有无中。
郡邑浮前浦，波澜动远空。
襄阳好风日，留醉与山翁。

王维《汉江临泛》

游山玩水，历来是文人墨客的闲情雅趣，并由此留下了许多佳作。诗人王维在泛舟汉江时，就写下了著名的《汉江临泛》。

泛舟汉江的诗人，极目远眺，楚地和“三湘之水”相接，汉江、荆江与长江之水汇合在一起，滚滚而逝，好像一直奔涌到天外去了。远山朦胧隐约，似有若无，前面的城邑在水上漂浮，天空也随着飘荡起来。襄阳有这么美的风景，不忍离去，真想与山翁一起共醉于此。

这首诗意境很美，尤其是那句“江流天地外，山色有无中”，写景壮阔、雄浑，颇具震撼力。而在写法上“江流天地外”显然运用了夸张的修辞手法，描绘了汉江滔滔奔流的辽远之景。这一夸张手法的运用给人以想象和联想的空间，营造了雄壮、开阔的意境，增强了语言的感染力。许多同学都喜欢运用夸张的修辞手法来描写事物，但需要注意两点：一是夸张不等于“浮夸”，夸张必须是合理的夸大，是有现实依据的。如“脚下地球当球玩儿，大洋海水能喝干”，这种脱离生活根据的夸张是要不得的。二是夸张的运用是有文体限制的，在科技说明文和说理文章中一般不用夸张，以免歪曲事实。一个闹了笑话的作文这样写道：“热水瓶的体积不大，但可以吸纳百川。”“吸纳百川”这种所谓的夸张用在“热水瓶”上，显然是失实的。总之，如果同学们注意以上两点，夸张手法的运用就可以信手拈来了。

白发三千丈

白发三千丈，缘愁似个长。
不知明镜里，何处得秋霜！

李白《秋浦歌十七首（其十五）》

诗人以奔放的激情，浪漫主义的表现手法，塑造了“自我”的形象。李白本有“奋其智能，愿为辅弼”的雄心，有使

“寰区大定，海县清一”的理想，但屡遭挫折，未能实现。写这首诗时，他已经年过半百，壮志未酬，人已衰老。揽镜自照，触目惊心，于是有了这“白发三千丈”的慨叹。

“白发三千丈，缘愁似个长”，被誉为“奇思奇句”流传千古。十个字的重心在于一个“愁”字。愁生白发，人所共晓，但长达三千丈，该有多深的愁思呀！这显然运用了极度的夸张，看似无法想象，却体现了诗人令人叹服的气魄和笔力。

我们在写作中有时候就可以用一些“过头话”，看似夸大其词，细细品味，尽在情理之中，读来也很有意思。如老舍写的《大明湖之春》，作者极言北方春天短暂，这样说道：“地暗天昏，落花与黄沙卷在一处，再睁眼看时，春天已经过去了。”春天再短也不至于一眨眼就过去了吧。不过，济南风多，一场连着一场，春天确实很短，所以难免会有这样的错觉，风定时，再睁眼看看，“春已过去了”。当然，还要说明的一点是，夸张手法的运用虽然要注意神似，但绝不是吹牛，要做到夸张有度，不能漫无边际。

我寄愁心与明月

杨花落尽子规啼，闻道龙标过五溪。
我寄愁心与明月，随风直到夜郎西。

李白《闻王昌龄左迁龙标，遥有此寄》

古人以右为贵，故称贬官为左迁。从题目即可知王昌龄遭贬。天宝八年（749），王昌龄被贬到荒僻的龙标任县尉。好友李白在金陵听到了这个消息，千山万水的阻隔使诗人只能用写诗遥寄的方式来安慰朋友。

子规鸟即杜鹃，叫声凄惨，以悲啼闻名。杨花飘落，给人一种漂泊不定的凄凉感受。开篇对这个颇富悲剧意象的描写，让人不免悲从中来。接着是对事实的描述：我听说你谪居的龙标，路途遥远，要越过“五溪”才能到达。最后诗人转入抒情：虽然我们相隔千里，无法相见，但是看见那挂在天幕上的明月了吗？我把一片对你的牵挂之心寄给了它，让它随着你直到那僻远的南方，让你在这样的夜晚，不再寂寞。

这首诗的成功之处就在于诗人运用奇特的想象，把本来没有感情的月亮拟人化了，把自己和月亮融为了一体，这样让朋友在他乡能见月如见人般得到安慰。拟人手法的运用让万物都有情，把客观事物写得生动活泼，栩栩如生，借以创造一个多情的文学世界。

作家许地山在《春的山野》中就有一段精彩的景物描写，成功地运用了拟人的手法：“天中的云雀，林中的金鹰，都鼓起它们的舌簧。轻风把它们的声音挤成一片，分送给山中各样有耳无耳的生物。桃花听得入神，禁不住落下了几点粉泪，一片一片凝在地上；小草听得大醉，也和着声音的节拍一会儿倒，一会儿起，没有镇定的时候。”好一幅生机盎然的春图！春的色彩是桃花的“粉泪”，春的声音是山鹰麻雀们的吟唱，春的律动是小草的摇摆。可见无论古今拟人的妙用是无异的。最后需要说明的是，我们在运用拟人的手法写作的时候，要注意准确表现我们笔下人格化后的事物，既要有人的特点，又不能失掉物的本色，这样才显得真实自然。

空将汉月出宫门

茂陵刘郎秋风客，夜闻马嘶晓无迹。
画栏桂树悬秋香，三十六宫土花碧。
魏官牵车指千里，东关酸风射眸子。
空将汉月出宫门，忆君清泪如铅水。
衰兰送客咸阳道，天若有情天亦老。
携盘独出月荒凉，渭城已远波声小。

李贺《金铜仙人辞汉歌并序》

这首诗是根据魏明帝时，迁金铜仙人像到洛阳的史实而写的。据记载，在金铜仙人被拆盘的一瞬，仙人泪流不止。作者根据这一史实，联想到自己的境况，不禁慨叹，于是写下了这首诗。

诗中，作者主要从金铜仙人的角度来写它的所见所感。诗的开头，作者借用汉武帝想要长生而未遂愿的事实来慨叹在历史的长河中人的渺小。接着，从金铜仙人的视觉入手，描绘出曾经辉煌一时的汉朝此时灰飞烟灭的苍凉：画栏碧宫依旧在，只是人去楼空。然后描写仙人在被拆盘时流泪的场景。“忆君清泪如铅水”，这一行清泪是仙人的故土难离，也是金铜仙人对人世变换的忧虑。这里，我们能从仙人的忧虑中看到作者的影子，仿佛作者的一声长叹就在其中。最后，在途中，一片衰兰描绘出此时此地的荒凉：金铜仙人抬头望月，月凄冷；侧耳听声，声已远。此情此景，如果苍天有情，也会感叹的。整首诗都从金铜仙人的视角来写，使全诗富有离奇的色彩。

在中学生的作文练习中，这种以其他事物的视角来描写现实的办法可以一试。我们在描写一个景物或事物时，可以赋予它人的活动，能看、能听、能闻、能感等。然后，从它的角度反过来看人、看事。这种方法，不仅增强文章的可读性，而且使文章含蓄独特。

横笛闻声不见人

海畔风吹冻泥裂，梧桐叶落枝梢折。
横笛闻声不见人，红旗直上天山雪。

陈羽《从军行》

这是一首描写从军的小诗，虽然只有28个字，但却描绘出一派壮观的场面。诗的开头写从军路上的环境：海风吹，地冻裂，桐叶落，枝梢折。在这样的环境下，只见横笛悠悠，不见人迹；红旗飘飘，直上天山。通过这一场景的描写，我们仿佛看到一队人马正雄赳赳、气昂昂地向前行进。虽然刮着风，虽然飘着雪，但红旗依旧在，笛声依旧响。

这首小诗通过景物的渲染，生动地描绘出一幅千军万马的行军图。图中虽然没有以白描的手法刻画人，但却巧妙地用借代的手法将这支队伍的大概轮廓描写出来，使整幅图具有抽象画的意味。

在这首诗中，作者采用了景物渲染和借代两种手法。这里，我们只谈谈借代手法的特点及应用。借代是不直说某人或某物的名字，借用同它密切相关的名称去代替，也叫“换名”。一般来说，借代包括多种，如用特征、标志代本体，用专名代泛称，用具体代抽象，用部分代整体，用结果代原因，等等。在中学生的作文中，尤其是描写刻画一个典型人物时，使用借代的方法会使形象突出，特点鲜明，具体生动，表达效果更佳。

鲁迅在《故乡》中就采用了借代的手法生动地刻画出“豆腐西施”杨二嫂的形象：

> 我吃了一吓，赶忙抬起头，却见一个凸颧骨，薄嘴唇，五十岁上下的女人站在我面前，两手搭在髀间，没有系裙，张着两脚，正像一个画图仪器里细脚伶仃的圆规。
>
> ……然而圆规很不平，显出鄙夷的神色，仿佛嗤笑法国人不知道拿破仑，美国人不知道华盛顿似的，……

在这个片段中，鲁迅先生用杨二嫂的站立姿势来借代她本人，既形象生动，又表达出对她的厌恶。

遥怜小儿女

今夜鄜州月，闺中只独看。
遥怜小儿女，未解忆长安。
香雾云鬟湿，清辉玉臂寒。
何时倚虚幌，双照泪痕干？

杜甫《月夜》

在安史之乱中，诗人与家人一度离散。本来离家是为了投奔在灵武即位的肃宗，准备在国难之时为国尽一分微薄之力。可不幸的是，竟在途中被叛军俘获，囚禁在以前的都城长安。被关押的日子是孤独愁苦的，对妻子和儿女的思念之情更是积郁在内心，浓得化不开。在一个月光如水的夜晚，诗人举头望月，把对家人的一片惦念化为了这首《月夜》。

诗人身在长安心却在鄜州的妻儿身边，眼前的这幅景象完全来自想象：妻子独自一人在房中看着月亮出神，我那些可怜的孩子们一定不知道他们的母亲是在思念长安的我呀。久久望月，浓雾一定沾湿了她的鬓发，清冷的月光一定让她如玉般光洁的双臂觉得寒冷。我与爱妻现在分处两地，都只能独自望月。什么时候我们夫妻才能团聚呀！到那个时候，让月光把我们相思的眼泪照干。

真挚的爱情就这样从诗人的笔下流淌出来。

从这首诗创设的意境中跳出来，让我们再来看看其写法上的特点。“闺中只独看”和“未解忆长安”两句运用了一个常见的修辞方法——借代。在现代修辞学上属于一种借人或事物的所属或所在地来代替人或事物的一类。“闺中”指“闺中的妻子”说的，而“长安”则是指“在长安的自己”。在古诗中这种手法的运用是很常见的。如李白的《将进酒》中的一句：“烹羊宰牛且为乐，会须一饮三百杯。”现代流行歌曲的歌词中也有：“再来一杯，再来一杯也不会醉。”显然这里是用“杯”代替“杯中的酒”。我们在写作时也可以尝试用借代的手法来使文字精练，以增强语言的密度。

长随君，君入楚山里

楚山秦山皆白云，白云处处长随君。
长随君，君入楚山里，云亦随君渡湘水。
湘水上，女萝衣，白云堪卧君早归。

李白《白云歌送刘十六归山》

这首诗是李白给刘十六的一首送别诗。诗中通过描写白云随友人而去的场景来表达作者的依依惜别之情。同时，白云的高洁形象也是作者的一个巧妙的运用。这里，作者不仅用它来象征友人的高洁品质，而且，也用白云随友人而去来表现自己也像白云一样，愿意跟随友人一起隐居高山，一起过着隐逸而高雅的生活。

读这首诗，有一个值得同学们注意的特点，那就是顶针修辞法的运用。顶真是用上一句结尾的词语做下一句的起头，使前后的句子头尾蝉联，上递下接。

在作文中适当地采用顶针的方法对突出中心有一定的作用。在议论文中，顶针可以使议论说理更加准确、严谨；在记叙文中，顶针可以使叙事、写景和状物条理分明，脉络清晰；在抒情文中，顶针可以使抒情更加写意，格调清新。我们学过的文学作品中，有许多采用了顶针的方法。

例如：不久当归还，还必相迎娶。(《孔雀东南飞》）少年不识愁滋味，爱上层楼。爱上层楼，为赋新词强说愁。(辛弃疾《丑奴儿·书博山道中壁》）修了沟，又修路，好教咱们挺着腰板儿迈大步；迈大步，笑嘻嘻，劳动人民努力又心齐。齐努力，多作工，国泰民安享太平！(老舍《龙须沟》选场)

顶针的方法能够反映文章结构的有机联系，使语气更加连贯、流畅，便于表达往复的思想感情。

何当共剪西窗烛

君问归期未有期，巴山夜雨涨秋池。

何当共剪西窗烛，却话巴山夜雨时。

李商隐《夜雨寄北》

这是一首构思奇特、手法别致的小诗。从内容上讲，它是一篇抒发作者思念家乡、思念亲人的诗歌。从手法上讲，它采用了多种手法，如回环往复、虚实结合、想象对比等。这些也可以说是这首诗成为名篇的原因之一。

首联是实写，用一个“期”字代表两个意思。一是自己的归程无期，二是妻子询问归期。用一个字统括两个意思，也是这首诗的独到之处。“巴山夜雨涨秋池”，此时的作者无法直接表达出这种归心似箭的心情，于是他借景抒情，用一夜的大雨使得池水猛涨的情景来表达自己急切的心理。尾联是虚写，作者联想到自己与妻子在家时的幸福生活。“却话巴山夜雨时”，与首联中的第二句构成回环往复，点出了此时只有巴山夜雨，而没有“共剪西窗烛”，那一切不过是自己的想象罢了。

这首诗是多种写作方法的联合，各个方法都发挥了相当的作用。这里，我们只来谈谈回环往复的方法对中学生写作的帮助。

回环往复是一种修辞手法，通常是把前后语句组织成穿梭一样的循环往复的形式，以表达不同事物间的有机联系。例如：理性认识依赖于感性认识，感性认识有待于发展到理性认识，这就是辩证唯物论的认识论。（毛泽东《实践论》）这是一个典型的回环往复。它的好处在于使语句整齐匀称，揭示事物的辩证关系，使语意精辟警策。中学生在写作文时，可以适当尝试。

此地曾经翠辇过

此地曾经翠辇过，浮云流水竟如何？
香销南国美人尽，怨入东风芳草多。
残柳宫前空露叶，夕阳川上浩烟波。
行人遥起广陵思，古渡月明闻棹歌。

刘沧《经炀帝行宫》

隋炀帝是历史上有名的荒淫之君。这首诗就是通过隋朝宫殿人去楼空的景色来嘲讽隋炀帝的统治。同时，给当时的统治者敲一下警钟。

“此地曾经翠辇过，浮云流水竟如何？”“翠辇”指的是皇上出门时坐的宫车。这句话意思是，这里曾经是辉煌一时的宫殿，宫车往来，熙熙攘攘。然而，这都已成为过去。宫车此时仿佛成为隋朝的象征，浮云流水也赶不上它灭亡的速度。接着，作者列举了隋炀帝的罪行。“香销南国美人尽，怨入东风芳草多。”控诉了隋炀帝欺害少女的滔天之罪，这些少女的香魂化作一株株芳草。东风吹过，发出沙沙的响声，仿佛少女们的哭泣声。颔联，描写了现在的行宫仍旧柳绿花红，只是无人欣赏了。整个行宫在夕阳下，静悄悄、灰蒙蒙的，到处一片冷清。诗的最后用广陵的农民起义来作为对当时统治者的提醒，不要忘记隋朝灭亡的教训。

在中学生写作的时候，可以借鉴这首诗开头的写法。这首诗的开头，作者采用了警策的修辞手法。警策是一种使某些语句语简言奇，含意深刻并富有哲理性的修辞手法。它在全诗的作用是开头就给人以哲理的提示和思考，同时，也吸引读者继续读下去。在中学生的作文中，尤其是议论文，同学们可以借鉴这种办法，一开始就用鲜明准确、简洁有力、富有哲理的语言来点出文章的论点，然后再用论据来进行论证。运用这种方法，读者能够对论点印象深刻，并引起进一步的思考。一般说来，警策分为两种：一种是妙语，一种是格言。这两种在写作的时候都可以运用。

往来成古今

人事有代谢，往来成古今。
江山留胜迹，我辈复登临。
水落鱼梁浅，天寒梦泽深。
羊公碑尚在，读罢泪沾襟。

孟浩然《与诸子登岘首》

孟浩然在登上岘首山看到羊公碑后写下了这首吊古伤今诗。全诗用一句警策开头：“人事有代谢，往来成古今。”人事的变换、古今的往来都是人世间最平凡的事情，然而这平凡中却孕育着不平凡的真理：人世间的纷争，悲欢离合的一幕幕，对于自然规律的代谢来说只不过是沧海一粟罢了。“江山留胜迹，我辈复登临。”在历史的变迁中，留下的只有这大江大山了。现在，诗人们又一次登上这座大山，心中的感慨可想而知。“水落鱼梁浅，天寒梦泽深。”登上岘首山，放眼望去，水落石出，草木凋零，天地间一片萧条。“羊公碑尚在，读罢泪沾襟。”在这样的情景中，诵读羊公碑，想到西晋羊祜镇守荆襄时的功绩以及人们对他的怀念，诗人不禁联想到自己，因此，读罢泪沾襟。

警策是一种修辞格。陈望道在《修辞学发凡》中，这样给警策下定义：“语简言奇而含意精切动人的，名为警策辞，也称警句，以能像蜜蜂，形体短小而有刺有蜜，为最美妙。文中有了它，往往气势就此一振。”

在中学生的作文中，通常可以使用一些简明的语言来说明一个平凡的道理。这就是警策的方法。例如：

①在鲁迅的《故乡》中：“我想：希望是本无所谓有，无所谓无的。这正如地上的路；其实地上本没有路，走的人多了，也便成了路。”

②在陈群《理想的阶梯》中：“富兰克林有句名言：‘你热爱生命吗？那么别浪费时间，因为时间是组成生命的材料。’许多文艺家、科学家都是同时间赛跑的能手。”

③在荀子《劝学》中：“不积跬步，无以至千里；不积小流，无以成江海。”

在这些句子中，都是用简明的话来说明一定的道理，这些都是警策的手法。它的好处就是“往往气势就此一振”。

山上离宫宫上楼

山上离宫宫上楼，楼前宫畔暮江流。
楚天长短黄昏雨，宋玉无愁亦自愁。

李商隐《楚吟》

楚国是这首诗描绘的对象。诗人路经楚地，看到楚天楚水，有感而发，于是即兴而作。诗的开头描写了楚地的景色。随着作者的视角，先看到了高山，山上的离宫，宫上的高楼。然后，视角向下移动，看到了高楼下的暮江。高楼依旧，江水依旧，只有人世难料。此时的作者面对这昔日的繁华之地，不禁感慨万千。“楚天长短黄昏雨”，语义双关。一说实景，此时正在下雨；一说神话，指的是楚襄王梦中会神女的事。这一实一虚，把楚襄王的昏庸荒淫的形象勾勒出来。“宋玉无愁亦自愁”，又是双关，表面上说的是宋玉因为楚王的荒淫无道而愁，而暗含的是作者也有宋玉一样的忧愁。这样，两个双关，四重意思，最终道出了作者真正要表达的思想，那就是，揭露当朝统治者的无能及不善用人才的愚蠢，也表达了自己壮志未酬的忧愤。

在中学生的作文中，恰当地运用双关，会使文章生动幽默，含蓄曲折。以这首诗为例，作者连用了两个双关，不仅增强了文章的艺术性，还使表达感情委婉含蓄。双关通常可以利用语音或语义的条件，故意使语句同时具有表面和内部两种意思，从而形成言在此而意在彼的效果。

例如，有的同学在描写人物的过分谦虚上，经常用“太”“很”“十分”“非常”等副词来修饰，如太谦虚了、很谦虚、十分谦虚、非常谦虚等。但是，如果我们这样说：“你真是拉着胡子上船，牵须过度（谦虚过度）啦！”那么，效果就不同了，不仅生动形象，而且幽默风趣。这就是双关的妙处。

大漠沙如雪

大漠沙如雪，燕山月似钩。
何当金络脑，快走踏清秋。

李贺《马诗二十三首（其五）》

这是李贺的一首抒发为国建功立业之情的小诗。诗中运用比兴的手法，借助奔马来表达自己的胸怀。前两句描写了马儿奔跑的背景：“大漠沙如雪，燕山月似钩。”这两句用了比兴的手法，用雪来比喻大漠之沙，用钩来比喻燕山之月。同时，诗人又由此引出下面的抒情，这又是兴的手法。“何当金络脑，快走踏清秋。”诗人借马来抒情：什么时候才能披上战袍，驰骋沙场呢？

比兴手法的运用是这首小诗的突出特色。比兴的手法有助于委婉含蓄地表达思想感情，使文章耐人寻味。在中学生的作文中，可以适当地运用这种比兴的手法。一般来说，比兴常用来含蓄地表达某种思想或情感，因此，中学生在尝试运用的时候，用的“比”要与所表达的“兴”一致。例如，要表达壮志凌云，“比”的部分通常以粗笔勾勒，而且相当大气、豪迈；要表达亲密友谊，则往往以物作比，寄情于物，由景物之间的联系来比人之间的友谊；要表达离别之情，则通常以灰色的笔调来描写那些凄凄冷冷的景物，由此来比离别的忧伤等。

晓月暂飞高树里

浮云不共此山齐，山霭苍苍望转迷。

晓月暂飞高树里，秋河隔在数峰西。

韩翃《宿石邑山中》

这是一首常见的写景诗，但它所采用的方法却是比较特殊的。诗中描写了石邑山的景色，浮云、山霭、晓月、高树、山峰等都是些平常的景物，但是其与众不同之处就在于这些景物的组合搭配是与作者的露宿直接相连的，也就是说，作者选取的是与他的行程一致的景物，而更重要的是他对这些景物进行了剪辑。

在这首古诗中，作者独具匠心地运用了电影技术中剪辑的方法，将景物按时间截取片段，然后重组，构成独特的石邑山美景，而且这些美景的出现又与作者的行程密切相连。这就是诗人的高明之处，也是剪辑手法的优势所在。

在中学生的作文中，特别是写景文中，可以采用剪辑的方法来配合情感和思想的表达。通常，在剪辑景物时，同学们要注意按照一定的规律或顺序，否则会使文章杂乱无章的。以本诗为例，作者虽然对景物进行了剪辑，但还是有基本的顺序的。在诗的开头，描写的是夜宿石邑山的景物。诗的结尾，则描写了天明时刻，作者启程出发时的所见。这样的安排，才使小诗既井然有序又与众不同。在写记叙文时，剪辑的方法也可以采用。

岭树重遮千里目

城上高楼接大荒，海天愁思正茫茫。
惊风乱飐芙蓉水，密雨斜侵薜荔墙。
岭树重遮千里目，江流曲似九回肠。
共来百粤文身地，犹自音书滞一乡！

柳宗元《登柳州城楼寄漳、汀、封、连四州刺史》

柳宗元等因参加“永贞革新”而被贬。这首诗是他到达柳州后，登上城楼向同样遭遇的其他几位被贬的战友发出的感叹。

“城上高楼接大荒，海天愁思正茫茫。”诗的开头，作者运用大手笔来描绘登上高楼后的所见，同时，将自己的无限愁思融入其中。“高楼接大荒”的场景表现出从这里远望，一片空旷，天地相连。在这样的境地中，诗人的愁思也如天地中的大气喷涌而出。“惊风乱飐芙蓉水，密雨斜侵薜荔墙。”这是赋笔，而“芙蓉”和“薜荔”又是诗人高洁人格的象征。诗人在这里不惜笔墨，比兴兼用，细致地刻画出近处芙蓉和薜荔在风雨中飘摇的景象。“岭树重遮千里目，江流曲似九回肠。”由己及人，诗人想到同样被贬的战友们，他们现在怎么样了呢？遥遥万里，岭隔树遮，江水恰似九曲回肠，其中满是愁思。“共来百粤文身地，犹自音书滞一乡！”在这样荒凉的地方，必然要引起诗人的思乡之情。那么，那些朋友也同诗人一样吧？可是连封信也无法送到！由此，诗人的悲愤之貌跃然纸上。

在中学生的作文中，比兴兼用的手法比较少见。但是在我们学过的文章中，却有很多采用了这种方法。例如，在毛泽东《反对党八股》中：“射箭要看靶子，弹琴要看听众，写文章做演说倒可以不看读者不看听众么？”

那么，什么是比兴呢？比兴是修辞格中的一种。比是比喻，兴是起兴，比兴就是这个句子除了因物生情之外，与后面的句子还构成比喻的关系。在上例中，“射箭要看靶子，弹琴要看听众”是由物来起兴，同时，又成为后面“写文章做演说倒可以不看读者不看听众么”这句话的喻体。对于中学生来说，在写抒情性文章时，可以采用开头由物生情，然后作比的方法。它的好处在于形象生动地表达感情，增强文章的可感性。

鸿雁不堪愁里听

朝闻游子唱离歌，昨夜微霜初渡河。
鸿雁不堪愁里听，云山况是客中过。
关城树色催寒近，御苑砧声向晚多。
莫见长安行乐处，空令岁月易蹉跎。

李颀《送魏万之京》

这是一首送别诗。魏万是作者的一位好友。他因为仰慕李白而离乡去寻访，这首诗就是作者为他送别的诗。“朝闻游子唱离歌，昨夜微霜初渡河。”诗的开头介绍了魏万离乡的事，然后回想昨夜霜至，气氛十分的悲凉。接着，作者道出了这份悲凉的原因，那就是游子离家，好友分离的场面令人心情暗淡。在这里，作者用倒装句来描写这种暗淡和忧愁。在古代，人们往往把鸿雁和云山作为离别的代言词，这里，作者也用了这两个可以直接感受的名词来表达离别之情，然后，由景生情，“愁里听”“客中过”，点明了作者与友人分离的忧愁。诗的后面，是作者对好友的嘱托，让他珍惜机会，实现自己的理想。

这首诗中，运用了多种方法，如虚实结合、写景与抒情结合等。这里，我们着重提的是颔联中使用的倒装句。倒装句是一种特殊句式，指的是为了强调突出某一个句子成分或者为了变换句法而颠倒原有语序的句子。倒装句的作用就在于突出和强调。以本诗为例，作者为了强调分离的忧愁，突出离别的痛苦，将两个可感的形象先写出来，然后再点明情感。这样写，加强了语气，增强了表达力度。

中学生的作文中，可以适当地采用一两个倒装句来增强表达效果。下面两个例子取自中学生作文：

花园里有各种各样的花，红的，黄的，紫的。

许多外国人来大连旅游，白皮肤的，黑皮肤的，黄皮肤的，还有棕色皮肤的。

在这两个例子中，我们可以看到，这种倒装的手法比正常的句式更能突出表达的重点。因此，同学们在作文中如果想要突出的内容，不妨试一试倒装句。

一骑红尘妃子笑

长安回望绣成堆，山顶千门次第开。
一骑红尘妃子笑，无人知是荔枝来。

杜牧《过华清宫绝句三首（其一）》

这是诗人在路过华清宫时的一首即兴之作。在这首诗中，作者采取了一种通过画面的组合、叠加的方法来结构全篇。诗的开头，描写了华清宫所在的位置及周围的景色。华清宫坐落在骊山之上，风景美丽，气候宜人。“绣”字既是东绣和西绣两座山名的概括，又是其景色的描绘。正在诗人欣赏这美景时，只见山顶的宫门一道一道地打开。这是怎么回事呢？原来是千里快马为杨贵妃送荔枝来了。

这是一首反讽诗，诗中通过千里送荔枝这件事揭露了唐玄宗和杨贵妃的豪奢生活。在这首诗中，采用了一种类似电影中的蒙太奇的手法，我们姑且叫它诗中蒙太奇吧。蒙太奇源自法语中的电影用语，指的是影片的剪辑和组合，它是电影导演经常使用的一种方法。这种方法有利于多角度、多层次地表现主题。同时，如果采用具有强烈对比效果的画面组合，则更有助于深化中心。下面分析一下，这首诗是如何采用蒙太奇的方法的。

全诗由四个画面组合而成。第一个是作者从远处回望华清宫，描绘的是华清宫的全景。第二个是这时山顶的宫门一道道地开了。第三个是这边一个快马加鞭的骑士正在飞奔。第四个是那边杨贵妃欣然一笑。这四个场景组合起来，就把唐玄宗为取得美人一笑，不顾人民疾苦的丑恶嘴脸表现出来。这就是蒙太奇的手法。

在中学生的作文中，蒙太奇的方法是不容易掌握的，因为这种方法往往需要深厚的文学和写作的功底。而对于刚刚开始写作的中学生来说，复杂的剪接和重组会使文章凌乱。然而，通过学习这种方法，我们却可以将写作的思路打开，从多角度来进行描写、说明和渲染。同时，值得一提的是，蒙太奇的方法在叙述方式（通常是顺叙、倒叙、插叙、补叙等的综合）、时空交错的结构上都有独特的作用。希望同学们读过这首诗后勇敢地去尝试，以便在写作方法上有所创新。

气蒸云梦泽

八月湖水平，涵虚混太清。
气蒸云梦泽，波撼岳阳城。
欲济无舟楫，端居耻圣明。
坐观垂钓者，徒有羡鱼情。

孟浩然《望洞庭湖赠张丞相》

这首诗是孟浩然的自荐诗。在古代，这种自荐诗通常被称为干谒诗。当时，孟浩然正是隐居时期，但他仍有出仕的想法，因此，当他在洞庭湖遇到当今宰相张九龄时，就写下了这首诗来表达自己出仕的愿望。

诗的开头从洞庭起笔，先描写了洞庭的壮观景色。此时是八月天气，洞庭的水已经满了，从远处望去，水和天好像成为混混沌沌的一体，“涵虚”一词正点明了这种混沌的状态。“气蒸云梦泽，波撼岳阳城”这一联，从气势上描写出洞庭湖的浩瀚。洞庭湖是云梦泽的一部分。“欲济无舟楫，端居耻圣明。”从这里开始，作者笔锋一转，由写景转入表达心愿。但是，作者没有直接地表达，而是通过打比方的方法，把自己想要出仕比成想要渡江，因为自己不愿在这个圣明的时代里无所作为。“坐观垂钓者，徒有羡鱼情。”这是一种“旧瓶装新酒”的方法。作者化用了“临渊羡鱼，不如退而结网”（《淮南子·说林训》）的说法，借它的语句，但换了新的意思。作者用“羡鱼”来说明自己羡慕那些能在朝廷为国家效力的人，借此向张九龄表示自己也想有所作为的心理。

这里，我们着重分析的是这种“旧瓶装新酒”的仿拟手法。仿拟又称化用，它通常是借助人们比较熟悉的句子或说法来表达新的意思的方法。它的好处在于能够令人耳目一新，引发读者的思考。

在中学生的作文中，可以借助这种方法来使文章委婉含蓄，更见深度。历来使用这种方法的名篇不在少数，中学生可以从中有所借鉴。

江海相逢客恨多

江海相逢客恨多，秋风叶下洞庭波。

酒酣夜别淮阴市，月照高楼一曲歌。

温庭筠《赠少年》

温庭筠在他乡与一位素昧平生的少年相遇，经过一番畅谈，顿生相见恨晚的感叹。常言道：“人生得一知己足矣！”应该说陌路逢知己是人生的一大幸事。无奈，两人又都要各自赶路，片刻相聚之后即将分别，此时诗人的心情是复杂的，于是写下了这首《赠少年》。

开篇一个“恨”字包含了几多遗憾和离愁。尤其在这秋风瑟瑟的季节里，更让人平添了几分愁绪。后两句由写景转为叙事，点出了分别的地点和时间。我们仿佛看到了两位好友在淮阴的一处高楼之上，推杯换盏，饮酒遣怀，高歌一曲，共勉言别的场景。这首诗语言看似平实，却融情入景，写出了真挚的情感，亦能看到诗人的豪爽性格。

值得一提的是，这首诗中，“秋风叶下洞庭波”一句是从《楚辞》“袅袅兮秋风，洞庭波兮木叶下”中化用而来的。只是在形式上稍稍做了一下改动，这在修辞上叫作仿拟。下面再举例帮助大家更深入地理解这种方法的运用。李炳银的《散文语屑》中有这样一段话：“‘山不在高，有仙则名；水不在深，有龙则灵。’刘禹锡的《陋室铭》，全文八十一字，千古吟读，既可尊为散文典范，何不可以视为作文的指南？正可谓：文不在长短，有识则新，有诚则灵。”谢大光在《鼎湖山听泉》中也有一段：“啊，我完全陶醉在泉水的歌唱之中，说什么‘山不在高，有仙则名’，我却道：‘山不在名，有泉则灵。’孕育生机，滋润万木，泉水就是鼎湖山的灵魂。”以上两段都是对刘禹锡的《陋室铭》中首句的仿拟。曾有人问张晓风写文章有什么诀窍。作家的回答是：“没有什么特别的窍门，只不过我所使用的语言是孔子、孟子、李白、杜甫曾经使用过的。”仿拟的手法就好像旧的酒瓶装上了新酒，推陈出新，有余香更有新意，可以大大地增强文章的表现力，值得我们借鉴。

胡雁哀鸣夜夜飞

白日登山望烽火，黄昏饮马傍交河。
行人刁斗风沙暗，公主琵琶幽怨多。
野云万里无城郭，雨雪纷纷连大漠。
胡雁哀鸣夜夜飞，胡儿眼泪双双落。
闻道玉门犹被遮，应将性命逐轻车。
年年战骨埋荒外，空见蒲桃入汉家。

李颀《古从军行》

《古从军行》以边城战争为题材，表达了作者对统治者不顾人民的困苦而穷兵黩武的愤怒。诗的开头描写了战士们的军旅生活。白天登山望烽火，黄昏在河边饮马，一路征战，风沙漫天，天昏地暗，幽怨琵琶，一路随行。万里疆野，不见城池，雨雪纷纷，大漠连天。然后，诗的后部分，描写了战士们长年征战的辛苦及思念家乡、想念亲人的悲苦。“胡雁哀鸣夜夜飞，胡儿眼泪双双落”正是这种痛苦的写照。这么多的人远离家乡，这么多的人失去青春甚至性命，结果又如何呢？“空见蒲桃入汉家”，只是得到一些蒲桃（葡萄）罢了。由此可见，统治者的穷兵黩武给人民带来的痛苦是多么大啊，征战是多么不值得啊！

读过这首诗之后，我们不禁为它所反映的事实所哀叹，也为诗中抑扬顿挫的节奏感所吸引。那么，这种节奏感是如何而来的呢？这里，我们就为同学们介绍一种运用语言的方法——叠字。

叠字是指同样的字连续重复出现的方法，它的好处主要体现在语音上。汉语是单音节和双音节的统一，在句子中，两者往往搭配使用。但有的时候，我们需要调节一下音节的长短来配合文章的节奏。在这个时候，我们就可以运用叠字的方法。如本诗中“纷纷”“夜夜”“双双”“年年”都是叠字。这些叠字的运用，使全诗音节有张有弛，具有音律美。

在中学生的作文中，不仅要考虑推敲内容，也要适当地在音节上有所注意。叠字是同学们在写作时可以借鉴的一种方法，它对于增强节奏感、加强表现力等有一定的帮助。当然，也提醒同学们，不能为了音节的优美而一味地追求音律，从而忽略了内容的表达和情感的体现。如果是这样，那就是舍本逐末了。

无边落木萧萧下

风急天高猿啸哀，渚清沙白鸟飞回。
无边落木萧萧下，不尽长江滚滚来。
万里悲秋常作客，百年多病独登台。
艰难苦恨繁霜鬓，潦倒新停浊酒杯。

杜甫《登高》

杜甫的这首《登高》被杨伦称为“杜集七言律诗第一”，胡应麟更把它推至古今七言律诗之冠，那么这首诗的魅力何在呢？我们先来了解杜甫写这首诗的背景。这是大历二年（767）的秋天，杜甫刚刚得知好友去世的消息，心情低落，接着就离开成都，来到夔州。人至暮年，仍漂泊他乡，再加上百病缠身，心境当然不佳。一经登上古台，百感交集，挥就此诗。

前四句是登高的所见之景，风急天高能听到猿猴长啸的哀鸣，水鸟在白沙清洲上下飞动。无边无际的树叶纷纷落下，长江汹涌的波涛滚滚而来。这样的境界这样的气魄恐怕只有“诗圣”杜甫能够写得出来。接下来的四句很自然地由写景转为抒情，距家乡万里之外，又是在这样一个凄冷的秋天病中独自登台，这是怎样的悲凉与寂寞呀！看看因经历世事艰辛而频生白发的两鬓，感叹自己体弱多病，想借酒消愁都不可以，无奈之下只有戒酒停杯了。

诗中最让人称道的是第二联：“无边落木萧萧下，不尽长江滚滚来。”我们在树叶的纷纷而逝和长江水的滚滚涌来中看到了时间的流逝，更看到了新与旧的更替。尤其值得借鉴的还是作者巧妙地运用了叠字，尽现了萧瑟的秋景。“萧萧”是一个拟声词，用来形容寒风中落叶的声音，“滚滚”是状长江之貌，给人以渺茫苍凉之感。这两个叠词的运用堪称绝妙古今，把读者的视、听都占得满满的，时间和空间又都交融在一起，笔力神奇，气势凌空。

同学们在写作的时候，如果能够恰当地使用叠字，不但能增加语言的美感，更可以突出文章所要表达的思想感情，这里不妨再举一例。在曹雪芹的《红楼梦》中有这样一句话：“只闻一阵阵凉森森甜丝丝的幽香。”这里“一阵阵”表现香气的持久不断，“凉森森”则是强调香气给人的心理感觉，好像浸透了心脏一般，而“甜丝丝”则是从味觉上写出了那扑鼻的清香。短短的一句话用了三个叠字，尽现了作者遣词的功力。

凤凰台上凤凰游

凤凰台上凤凰游，凤去台空江自流。
吴宫花草埋幽径，晋代衣冠成古丘。
三山半落青天外，二水中分白鹭洲。
总为浮云能蔽日，长安不见使人愁。

李白《登金陵凤凰台》

关于凤凰台的由来有一个美丽的传说，相传在南朝刘宋永嘉年间有许多凤凰飞到金陵的一座山上，所以就在凤凰栖息的地方垒起一个台子，并命名为“凤凰台”。凤凰是被称为“百鸟之王”的祥鸟，当时有凤凰来游，便象征着王朝的兴盛。多少朝代过去了，当李白再次登临这久负盛名的凤凰台时，有感于古今的变迁，发出了以下的感叹：

这里曾经有过凤凰翔集的场面，但如今凤去台空，六朝繁华已烟消云散，只有长江的水仍然无语东流。这里曾经是三国时吴国和后来东晋的都城，可是现在看看那斑驳的古老宫墙，那被花草淹没的小路，当时的豪门世族都已作古。从历史的陈迹中走出来，举目远眺，三座山峰南北相接，若隐若现。白鹭洲把长江分成两条绿色的水道。由眼前的古都城，想到今天的都城长安来了。也许是因为浮云总是遮蔽了太阳的缘故吧，看不见都城，心中不免惆怅。诗人在这里用“浮云”来象征朝廷中奸邪的小人，用“日”来象征君王，表达了一种对君王被奸邪包围，而自己却无力挽救的一种无奈和悲哀。

这首诗值得我们借鉴的是首句“凤凰台上凤凰游，凤去台空江自流”中十四字连用三个“凤”字，却不显重复。复叠是在句中接连使用同一个字，它可以起到调整音节和节奏的作用，增添语句的声音美。复叠运用得恰到好处，能使文章显得起伏回荡，获得鲜明强烈的节奏感和旋律美，读者从中可以切实地感到作品思想的升华、情绪的推进，从而受到有力的感染和启迪。《论语·为政》中的“知之为知之，不知为不知，是知也”和《孟子》中的“老吾老，以及人之老；幼吾幼，以及人之幼”都是复叠运用的典范。但需要指出的是这种写作方法的运用必须要根据文章表达思想和章法的结构需要，千万不能胡乱点缀，随意穿插。否则，反复就会变成累赘、啰唆了。

何必奔冲山下去

天平山上白云泉，云自无心水自闲。
何必奔冲山下去，更添波浪向人间。

白居易《白云泉》

天平山是白居易在苏州任刺史时曾经游览过的一座风景优美的大山。白居易创作这首诗后，此山也因此而闻名起来。在这首诗中，诗人不仅描写了天平山的美景，而且更多的是表达出自己想过一种清静淡雅生活的愿望。

“天平山上白云泉，云自无心水自闲。”这是历来为人们所传诵的名句。在天平山上，白云和溪水无忧无虑地游荡，这里是它们的乐土。诗人对白云流水的羡慕之情溢于言表。“何必奔冲山下去，更添波浪向人间。”在天平山的溪水为什么还要到那纷扰的人间去推波助澜呢？在这里，诗人运用了象征的手法来表达自己对闲适生活的渴望以及对人世间复杂关系的厌恶。诗人用白云流水的自在逍遥象征自己追求闲适生活的心情和胸怀，用溪水奔腾的浪花来象征社会的波浪。这样的表现方法，使全诗情趣盎然。

在中学生的作文中，象征的手法多是指传统的象征，也就是通过某种特定的形象以表现与之相近的现实或某种思想感情，用来象征的事物多数是具体的、可感的、形象的。歌德说：“真正的象征手法出现在部分的东西是更加普遍的东西的代表者的地方。”例如，在鲁迅的《狗的驳诘》中，描述了“我”在梦中和狗的对话，巧妙地通过“狗”的“愧不如人”的驳诘，暗示了还有比“狗”更势利的、为反动派所豢养的御用文人：

我梦见自己在隘巷中行走，衣履破碎，像乞丐。一条狗在背后叫起来了。我傲慢地回顾，叱咤说：“呔！住口！你这势利的狗！”“嘻嘻！”他笑了，还接着说，“不敢，愧不如人呢。”“什么!?”我气愤了，觉得这是一个极端的侮辱。“我惭愧：我终于还不知道分别铜和银；还不知道分别布和绸；还不知道分别官和民；还不知道分别主和奴；还不知道……”我逃走了。“且慢！我们再谈谈……”他在后面大声挽留。我一径逃走，尽力地走，直到逃出梦境，躺在自己的床上。

男儿何不带吴钩

男儿何不带吴钩，收取关山五十州。
请君暂上凌烟阁，若个书生万户侯？

李贺《南园十三首（其五）》

李贺的这首诗表达了他想参军报效祖国却怀才不遇的思想。“带吴钩”指的是参军，从事军事行动。诗的开头，作者用设问直接点题，表达了他想要从军，报效祖国的热切心情。诗的结尾，作者又用设问层层深入，表达想要报效祖国却怀才不遇的悲愤之情。

这首诗在写作上最大的特点是全诗用了两个设问。设问往往是自问自答，但以问句的形式出现。这样的形式比直接抒发的表达效果更强。在语言的运用上，也更有力度感。诗人就是抓住了设问的这些特点，连用两个设问，把参军的热切、怀才不遇的悲愤一口气倾吐出来，这样就把诗人长期郁闷的情怀淋漓尽致地表现出来。

在中学生的写作中，设问是可以广泛应用的方法。在记叙文、议论文乃至说明文中，设问都可以使用。如在记叙文中，可以用设问来造成悬念，引起读者的注意，最后揭示答案，使文章首尾呼应。在议论文中，设问的用处也不小，中学生可以先用设问来表明自己的论点，然后再用论据来论证这一论点。这样做，比起先摆出论据，后归纳论点的方法更能引发读者的思考。在说明文中，也可以采用设问的方法。学生可以用设问来提出所说明的事物，表明说明的对象，然后再使用其他的说明方法来加以解释说明。这样做，说明对象明确，表达方法明晰，使文章结构一目了然，从而避免了说明混乱的现象。

今夜月明人尽望

中庭地白树栖鸦，冷露无声湿桂花。

今夜月明人尽望，不知秋思落谁家？

王建《十五夜望月》

这是一首咏中秋的诗。题目中的“十五夜”指的就是中秋夜。这首诗描写了中秋夜人们赏月的情景，并通过人们不同的心情来表达作者的秋思。

中秋夜，院落中树上的乌鸦栖息了，满月将院子照得发白，冷露悄无声息地打湿了桂花。今夜是月明夜，人人在仰望圆月，但是，此时的心情是各不同的。因此，作者反问道：“不知秋思落谁家?”其实，通过全诗，我们可以看出，这时的作者在望月的过程中，由冷月想到了自己对月怀有的真挚之情。但是，作者的高明之处就在于，他不是直接地表达这种感情，而是用了反问的手法来委婉地表达。

反问，也就是无疑而问，明知故问，又叫“激问”。它的特点是只问不答，把要表达的确定意思包含在问句里。正如这首诗，明明“秋思”是自己所怀有的，却说成“不知落谁家”，这样一来，用反问的口吻表达出自己的真实情感，巧妙而含蓄，增强了表达效果。

中学生在写议论文时，可以使用这种手法。因为，议论文往往要有一定的说服力和感染力，而平常的陈述难以达到效果。反问的优势就在于，它会增强文章的力度，使文章更具影响力。当然，反问的应用范围也很广，不仅用于议论文，也可用于记叙文，甚至诗歌；不仅用于文章之中，也可以作为文章的标题。

曾经沧海难为水

曾经沧海难为水，除却巫山不是云。
取次花丛懒回顾，半缘修道半缘君。

元稹《离思五首（其四）》

如果说“在天愿做比翼鸟，在地愿为连理枝”是一代天子的爱情绝唱，那么“曾经沧海难为水，除却巫山不是云”则应

该是普通人的爱情悲歌了。如出一辙的是，它们都是对爱情忠贞的宣言。

这首诗是元稹为了悼念死去的妻子韦丛所作的。“曾经沧海难为水”是从孟子“观于海者难为水，游于圣人之门者难为言”变化而来的。意思是说当看到了沧海的浩大和雄伟之后，再看哪里的水都不会为之所动了。“除却巫山不是云”与之句法相近，是说一旦欣赏过了巫山的云海那云蒸霞蔚的奇观以后，不论是哪里的云都不会再激起我的兴趣了。我即使是在万花丛中也懒得回头看一眼，这其中的原因一半是修道，一半是因为我死去的妻子——你。

仿拟的方法又可以叫作点化他人语句。就字面意思来看就很容易理解，即为运用他人的句式或意思，然后经过改装。或是赋予新意，或是意思不变而在形式上有创新，最终获得脱胎换骨的一种新生。如杜甫的《后出塞》中有一句“落日照大旗，马鸣风萧萧”，其中“马鸣”这一词语出自《诗经》中的“萧萧马鸣，悠悠旆旌”。一经在“马鸣”后面加上“风”字，意境全出，大漠的苍凉雄壮之感马上显现出来了。

在现代文中也有这样的例子，吴乾坤的《对心灵山的追求》中有一段：“她叮咛自己：‘爱情虽可贵，道德更要紧；感情如野马，缰绳要收紧。’”这里“爱情虽可贵，道德更要紧”仿自匈牙利诗人裴多菲的名句：“生命诚可贵，爱情价更高。”点化他人语句与抄袭有着根本的区别，它不但体现了我们对前人思想精华的继承，同时又是自己创造力的体现。同学们可以在自己的创作中尝试这种方法。

天街小雨润如酥

天街小雨润如酥，草色遥看近却无。

最是一年春好处，绝胜烟柳满皇都。

韩愈《早春呈水部张十八员外二首（其一）》

这是一首绝妙的风景小诗，清新淡雅。一场春雨细润如酥，把早春的感觉提前带给人间。青青的小草带着幼儿般稚嫩的颜色悄悄地露出地面。远远看去，它们朦朦胧胧的，一片淡淡的青色走到近处，这些小草又是那么微小，仿佛消失了一般。这正是一年中最好的去处，比起满是烟柳的皇都要好得多。

这首诗是描写早春的，但作者并没有面面俱到地描写早春的景物，而是着重描写了小草的春色。在描写小草时，作者用了小雨来衬托。衬托，是一种修辞手法。它指的是为了突出主要事物，用相似的事物或反面的、有差别的事物陪衬，也叫映衬。映衬分为正衬和反衬。

在中学生的作文中，映衬的方法主要应用于景物描写上。其好处在于，通过渲染气氛，可以使主题或中心更加突出，同时，感染读者。

以本诗为例，这首诗就采用了正衬的方法，用“润如酥”的小雨来映衬稚嫩的小草。通读全诗，我们可以感觉到，作者对于这些小草的兴趣，似在玩味，又似在赞叹。作者在一开头用细润的春雨拉开序幕，渲染出朦胧的色调。然后，主角出场了，带着哈气，伸着懒腰。这时作者的喜爱之情溢于言表。从这里我们看到，用小雨来映衬小草的想法是很巧妙的，既将早春小草朦朦胧胧的色调形象地表现出来，又给人“万绿丛中一点红”的惊喜。

霜叶红于二月花

远上寒山石径斜，白云生处有人家。
停车坐爱枫林晚，霜叶红于二月花。

杜牧《山行》

诗的题目是“山行”，显然全诗以作者的游踪为线索来描写景物。“远上寒山石径斜”，作者沿着山中小路蜿蜒而上，一路欣赏着山中独有的风景。“白云生处有人家”，在白云环绕的地方，几户人家若隐若现。这风景给人一种如临仙境的感觉。然而，这并没有把诗人的目光吸引，因为他发现了更美的地方。那是什么地方呢？“停车坐爱枫林晚”，点出了让作者迷恋乃至停车来看的地方，原来是一片晚秋的枫林。“霜叶红于二月花”，此时的霜叶比二月的花还红，这正是诗人迷恋这片枫林的原因。

随着诗人的脚步，读者也一起游览了这山中的美景。诗人就像一位优秀的导游，一边领着大家在山路中观赏，一边寻找最美丽的地方。“白云生处”的人家已令大家耳目一新，如临仙境了。可是，这个导游好像还不满足，一定要找到最美的地方。终于，功夫不负有心人，他把我们带到了那枫林中，带到了一片红色里。

这首诗，作者用衬托的手法来描绘出真正赞美的景物。蜿蜒的小路，云中的人家，这些美景都是为了衬托枫林的美，可见，作者对这片枫林真是情有独钟啊！衬托的手法对于表达诗人的这种情感起到了重要的作用。

村园门巷多相似

澧水桥西小路斜，日高犹未到君家。
村园门巷多相似，处处春风枳壳花。

雍陶《访城西友人别墅》

这是一首描写诗人从城中闲步而出，来到乡间来寻访一位友人的小诗。首联，描写诗人已经走出城来，在澧水桥西走上了乡间小路。可是现在日头已经很高了，作者还没有走到友人的家。这样的描写不仅体现出作者的急切心情，连读者也十分好奇，这位友人的家到底在哪儿啊？“村园门巷多相似，处处春风枳壳花。”这里，诗人好像有意吊大家的胃口，不是继续寻找，而是欣赏起这里的乡村景色来。“处处春风枳壳花”，乡间的院落大都相似，家家都开满了淡雅的枳壳花。这些花散发出淡淡的幽香，在春风中飘洒，显出与城中完全不同的美。那么，友人到底在哪儿呢？诗写到这里就戛然而止了，给读者留下无限的回味空间。虽然诗中的作者没有找到友人的家，但从这家家相似的院落，从这处处飘香的枳壳花中，读者已经体会到这位友人的风格了，必定是淡雅自然。

那么，这首诗在不提一句友人的情况下，是如何使读者产生这样的感觉呢？这就是烘托的作用。在中学生的作文中，烘托的方法可以分成多种，如以人托人、以景托景、以事托事等同类相衬，还有以景托情、以事托人、以景托人、以物托人等异类相衬。例如在这首诗中，诗人采用的是以景托人的烘托方法。作者避开对友人的正面描绘用友人所在的乡间美景来烘托友人幽雅的生活情趣和风格，而这又是由读者自己来感觉的。这就是烘托的作用。给读者以回味和联想的空间，从中亲自体味诗中所烘托的事物。这样的方法，容易引起读者的共鸣。

宫花寂寞红

寥落古行宫，宫花寂寞红。
白头宫女在，闲坐说玄宗。

元稹《行宫》

“侯门一入深似海”，那么“宫门一入”的情景呢？且看元稹的《行宫》——寥寥二十字，字字饱蘸宫女的哀怨，也寄予了诗人的深深同情。正值宫中红花盛开的初春时节，在一座空虚清冷的古行宫中，几个白头宫女聚在一起聊着唐玄宗天宝年间的事。

鲁迅说："悲剧是把美的东西撕碎了给人看。"以描写事物的美，来反衬破坏美好事物的残酷，是一种艺术技巧。好比有人把一块晶莹剔透的美玉展览出来，让人欣赏，然后打碎它，观众会感觉惋惜、痛心。如果打碎的是一块丑陋的顽石，没有人感到可惜。大批宫女正值青春之时被选入宫中，好像一朵朵娇艳欲滴的鲜花。她们本来是一心想着皇上能一朝临幸，而从此一步登天。但一天天、一年年过去了，她们就好像宫墙角落里的花，即使在盛开之时，也无人留意，独自美丽。直到白发苍苍，那一直在心中编织的美丽梦想终于破灭。深宫完全隔绝了她们与外界的往来，唯有的一点点娱乐便是三三两两地坐在一起谈谈很久以前发生在上个时代的事。这里用"红花"反衬宫女的"白发"。两种对比鲜明的颜色，制造了一种强烈的视觉效果，能够引发出读者对宫女的同情。

反衬不只在写作中被大量地应用，而且在电影中我们也能看到它的影子。苏联影片《这里的黎明静悄悄》是一部战争题材的影片，影片一开始没有硝烟，一片宁静，静悄悄的黎明，美丽的风景，象征着和平，接着枪声打破了黎明的寂静，和平遭到蹂躏，几位漂亮的女战士相继战死。黎明静悄悄，含"此处无声胜有声"的妙意，反衬战争的残酷。可见反衬用得好，是可以增强艺术的表现力的。

空山不见人

空山不见人，但闻人语响。
返景入深林，复照青苔上。

王维《鹿柴》

照相要用背景，绘画讲究陪衬，写作也常把两个事物放在一起比照着写，用一个衬托另一个，使之更加突出。这种手法就叫作反衬。反衬用得好，能启发人们的联想，增加文章的表现力。

这首《鹿柴》是王维山水诗的重要代表作，表达了诗人对大自然中空灵境界的追求和喜爱，运用的重要艺术手法便是反衬，用以突出诗人所要描写的中心内容，即幽寂两字。

傍晚的空谷，没有人烟，忽然一声“人语响”，划破了山林的幽静，正是由于山的空、山的静，才使得这忽然发出的人语之声一下子突显出来。同样，一个人说话的声音能在山谷中回响，也更加突出了山的空、山的静。这同南朝梁人王籍所写的名句“鸟鸣山更幽”中以鸟的声响来反衬山之幽静是一致的。

现实生活中我们形容一个地方很静，经常会说：“这里真静，连根针掉在地上都听得到。”鲁迅在《祝福》中写到主人公祥林嫂的死也用了反衬手法。她是在鲁镇的人们热闹的除夕夜里，在人们的祝福声中死去的。这就更加反衬了祥林嫂的悲剧，人们掩卷后仍深思不已。这种震撼力量是难以言表的。

王夫之说：“以乐景写哀，以哀景写乐，一倍增其哀乐。”可见反衬的手法，对于增强文章的表达效果是不言而喻的。但需要提醒同学们注意的是，在写作中互相反衬的两个事物之间最好是矛盾对立的两个概念，这样文章的表达效果会更鲜明。

白发悲花落

联步趋丹陛，分曹限紫薇。
晓随天仗入，暮惹御香归。
白发悲花落，青云羡鸟飞。
圣朝无阙事，自觉谏书稀。

岑参《寄左省杜拾遗》

这是岑参写给杜甫的诗。杜任门下省拾遗，居左署，岑任中书省右补阙，居右署。都是朝廷谏官。诗中借对朝堂生活的描绘，表达作者对这种百无聊赖、无所事事的生活的厌恶及对成就一番事业的向往。诗的开头描写了作者和杜甫两人同朝共事的场景：每天都是同样的生活，快步走在皇帝的台阶前等候上朝。然而，每天上朝的内容都是无聊的事情，于国于民丝毫无益。在这样的日子里，作者就像久在牢笼的苍鹰渴望蓝天，希望有朝一日大展宏图。抬头望天，一排青鸟正在天上飞翔着，此时的作者是多么羡慕它们啊！最后，作者以嘲讽的口吻说道："这是天朝盛世，谏书很稀少啊！"可是，实际上，这正是当时国家衰败的一个印证。

这首诗表面上看是对国家的赞颂，但实际上暗含了作者对国家的忧虑和担心。从自己每天上朝的情况，作者看出了统治者的庸俗无能。但是因为是朝臣，所以他并没有直抒胸臆，而是委婉地描绘自己和杜甫等人上朝的事，并由此来表达思想。

婉曲就是这首诗采用的独特方法。婉曲是一种修辞手法，它是指有意不直接说明某事物，而是借助一些与某事物相应的同义语句婉转曲折地表达出来。如作者要表达国家统治的腐朽，统治者不能纳谏、不能重用贤臣的事实，却说成"这是天朝盛世，谏书很稀少"。虽然作者写的是相反的方面，但读者们都能明白其真实的意思。通过这种方法，既达到了表达的目的，又使文章委婉含蓄，耐人寻味。

在中学生的作文中，恰当地运用婉曲的方法，使读者在品味中体察本意，使认识深化，感受强烈。例如孙犁在《荷花淀》中描写几个妇女要去看丈夫时的对话，就是典型的婉曲，同学们可以从中领悟婉曲的妙处：

"听说他们还在这里没走。我不拖尾巴，可是忘下了一件衣裳。"

"我有句要紧的话得和他说说。"

…………

“我本来不想去，可是俺婆婆非叫我去看看他。有什么看头啊!”

这几个妇女都是担心自己的丈夫，因此想去看看他们。可是她们却找各种借口不把自己的真实意图表现出来。这就是婉曲的表达法。

语言与用典

KEWAI YUWEN YINGYONG XILIE

僧敲月下门

闲居少邻并，草径入荒园。
鸟宿池边树，僧敲月下门。
过桥分野色，移石动云根。
暂去还来此，幽期不负言。

贾岛《题李凝幽居》

这是记叙诗人贾岛拜访友人而不遇的一首小诗。由于作者对诗中语言的锤炼，还引出一则故事来。贾岛在作这首诗的时候，对颔联的一个字不满意，“鸟宿池边树，僧推月下门”，他觉得这个“推”字不好，想改为“敲”字，但又拿不准主意。在这时，大文豪韩愈路经此地，问明原因。于是，也同贾岛一起商量起来。最后，韩愈说，还是“敲”字为佳。这就是有名的典故——“推敲”的故事。而“鸟宿池边树，僧敲月下门”，这句话也成为名句在人间广为流传。

那么，从这首诗和这个典故中，中学生朋友们可以得到哪些启发呢？在现代汉语中，词语的锤炼是修辞中的重要环节，而这个典故主要就是从词语的锤炼方面给同学们以启示。词语的锤炼通常包括两个方面的内容，一是意义的锤炼，一是声音的锤炼。这两方面连起来也就是古人们常说的“炼字”。在中学生写作文的时候，词语的锤炼是必不可少的。因为，中学生由于年龄、知识储备、阅历等方面的原因，不可能一步到位地将作文写好。而且，即使是那些有名的作家，他们也离不开词语的锤炼。“为人性僻耽佳句，语不惊人死不休”“两句三年得，一吟双泪流”“吟安一个字，捻断数茎须”等，这些都是名家们在词语锤炼方面的真实写照。因此，中学生在练习写作的时候，一定要端正态度，虚心认真，仔细推敲。

云深不知处

松下问童子，言师采药去。
只在此山中，云深不知处。

贾岛《寻隐者不遇》

这是贾岛到山中去拜访友人而不遇时的一首即兴小诗。全诗言简意赅，处处体现诗人语句推敲的深厚功底。诗的开头，开门见山，直接点出诗人与童子的对话场面。“松下问童子”，全诗以问开头，使整首诗都笼罩在问话中。那么问的内容是什么呢？“言师采药去”，这句话有点怪，问的内容还没有说，怎么就直接回答了呢？可是仔细想一下，这正是诗人的高明之处。虽然省略了问话的内容，但通过童子的回答，我们能看出问的是“你的师父去哪儿了”这样的话。这种处理方法，使问句蕴含在答句中，避免了啰唆繁杂之感。“只在此山中”，又是一句包含问题的回答。“问：你的师父到哪儿去采药啊？答：

就在这座大山中。”“云深不知处”，“你知道具体在什么地方吗？是南山还是北山，是山前还是山后？”“这里山高水长，云深路远，我也不知道师父在哪儿啊。”这里的一问一答，诗人只用了5个字就表现出来，由此我们能够体会到“推敲”的妙处了！

我们都知道贾岛是以推敲而闻名于世的。由这首小诗我们可以看出，他的推敲不仅在个别的词语上，还表现在语句上。这首诗寓问于答，使文章既富有情趣，又言简意赅。在中学生的写作中，繁杂拖沓是经常出现的问题，不认真地构思推敲是其中一个重要的原因。贾岛的这种对语句的推敲实际上反映的是一种写作的态度，那就是认真。

海日生残夜

客路青山外，行舟绿水前。
潮平两岸阔，风正一帆悬。
海日生残夜，江春入旧年。
乡书何处达，归雁洛阳边。

王湾《次北固山下》

这是王湾的一首代表作，其中“海日生残夜，江春入旧年”，历来为人们所传诵。全诗描写的是作者路经北固山的所见之景及所生之情。首联写作者乘舟，一路青山绿波，到达江苏镇江的北固山。“潮平两岸阔，风正一帆悬。”此时北固山下，潮水满江，江面如镜。这样平静开阔的境地让作者的心境顿时也开阔起来。风儿轻轻吹送，小舟一路漂游。“海日生残夜，江春入旧年。”这时海上一轮红日正破开重雾攀上云霄，而残夜的余影还没有消尽呢！旧年还没有煞尾，节气已经立春了！这两句是通过时间和景物的交错来表明自然的变化，同时成为诗人怀乡的原因。“乡书何处达，归雁洛阳边。”在自然景物的更替中，作者不由得想到了家乡：现在应该也是春天吧，可是什么时候才能回家呢？只好请鸿雁传书，给自己的家人问个好吧！

虽然是一首小诗，但作者用笔非常细腻，而且在词语上也经过一定的锤炼。在颈联，作者更是精选了几个十分恰当的词语。如“海日生残夜”中的“生”字，它将红日在海上攀升的镜头和冲破残夜的景象形象地体现出来。同样，“江春入旧年”中的“入”字将春天匆忙的脚步描写出来，而且具有拟人化的特点。

在中学生的写作练习中，词语的锤炼是不可缺少的环节。要写出一篇好文章，除了平时的观察和积累外，写作的态度也是非常重要的。像这首诗的作者，在选词上非常重视，因此才有这样好的句子。对于中学生来说，要想提高作文水平，锤炼词语是一项重要的基本功，必须多练习。那些不屑于词语锤炼的同学，其作文水平进步是不会快的。当然，这里也必须强调的是，锤炼词语并不是追求华丽的词语，所锤炼的是语言在文章中的恰当性。

剑外忽传收蓟北

剑外忽传收蓟北，初闻涕泪满衣裳。
却看妻子愁何在，漫卷诗书喜欲狂。
白日放歌须纵酒，青春作伴好还乡。
即从巴峡穿巫峡，便下襄阳向洛阳。

杜甫《闻官军收河南河北》

诗人在剑外梓州忽然听到官军收复河南河北的失地，不禁喜极而泣，老泪纵横，泪沾衣裳。回头想想这些年来自己颠沛流离的苦难生活终于就要到了尽头，今天终于可以和那些黑暗的日子告别了。看看妻子和儿女，他们不再愁眉不展。亲人的喜悦也感染了诗人的情绪。于是再也无心伏案读书了，兴奋得随手卷起诗书，高兴得几欲发狂。虽已值迟暮之年，也要纵情放歌，狂饮美酒。在这美好的春光里，偕妻带子回乡。只要从巴峡穿过巫峡，然后顺流而下到襄阳，再换陆路到洛阳，就可以回到那日思夜想的故里了。

“即从巴峡穿巫峡，便下襄阳向洛阳”这一句，显示了诗人高超的锤炼语言的功力。“穿”这个动词，形象地表明了巴峡到巫峡之间的水道的窄和险。“下”这个动词，一方面表明巫峡到襄阳是顺流而下的，而且水流湍急，另一方面更将诗人迫不及待想要快点回家的喜悦之情刻画得入木三分。

这种用字的精练与准确是值得中学生朋友在写作中借鉴的。我们熟悉的课文巴尔扎克的《守财奴》中有这样一段动作描写："老家伙想掏出刀子撬一块金子下来，先把匣子往椅子上一放。欧也妮扑过去想抢回；可是箍桶匠的眼睛老盯着女儿跟梳妆匣，他手臂一摆，使劲一推，欧也妮便倒在母亲的床上。""撬""盯""摆""推"，这四个动词将葛朗台的贪婪和冷酷无情的嘴脸表现出来了。虽然这些动词很常见，但由于作家精心的选择和恰当的运用便极大地丰富了它们的表现力。法国著名作家福楼拜说过："我们不论描写什么事物，要表现它，唯有一个名词；要赋予它运动，唯有一个动词；要得到它的性质，唯有一个形容词。我们必须不断地苦心思索，非发现这个唯一的名词、动词与形容词不可。不能因为思索困难而去用类似的词语敷衍了事。"这给我们的中学生朋友在选择和使用词语方面提出了更加严格的要求。

秦时明月汉时关

秦时明月汉时关，万里长征人未还。
但使龙城飞将在，不教胡马度阴山。

王昌龄《出塞二首（其一）》

王昌龄的《出塞》历来被称作唐人七绝的压卷之作而广为传诵。

此诗起笔雄浑，明月依旧，关哨依旧，只是远征的人还没有回来。接着是一番感叹，要是李广将军还在的话，一定不会让胡人的战马度过阴山。

这首诗的精彩之处在于第一句“秦时明月汉时关”。诗人以“秦”“汉”这两个具有一定厚度的名词来修饰“月”和“关”，使整首诗具有遥远深沉的历史感。让人想起万里黄沙、旌旗舞动、战马嘶鸣的古战场。意境深远壮阔，还夹杂着丝丝苍凉。我们不得不佩服诗人选词的功力，真是“一字千金”。陶渊明在《归园田居》中有“羁鸟恋旧林，池鱼思故渊”之句，诗人用两个近义词“旧”和“故”来作修饰语，渲染了自己向往田园，渴望回归自然的心情。宋祁的《玉楼春》中有一佳句：“绿杨烟外晓寒轻，红杏枝头春意闹。”这里“绿”和“红”虽是两个极普通的形容词，但是由于诗人运用得恰如其分，反而收到出乎意料的效果，把一派春意浓浓、色彩鲜明的景象，挥写得酣畅至极。

这种选词择字的功力不是一朝一夕就可以具备的，它需要我们长时间的思考和积累。一位中学生曾谈到她写作时的一个择字故事。她想写一篇借景抒情的散文。题目初定为“太湖微风扑面来”。但又觉得“微”字缺乏一种灵动、清新之感。思量再三，决定把“微”改为“清”，变为“太湖清风扑面来”。这样一改，不但增加了文章的意境美，而且更符合全文所要表达的主旨。老师的教诲正如清风扑面而来，涤荡了小作者的心灵。刘勰说过：“句有可削，足见其疏；字不得减，乃知其密。”这也给我们写作提出了更高的要求和努力方向。

绿树村边合

故人具鸡黍，邀我至田家。
绿树村边合，青山郭外斜。
开轩面场圃，把酒话桑麻。
待到重阳日，还来就菊花。

孟浩然《过故人庄》

“采菊东篱下，悠然见南山”是陶渊明绘制的一幅淡泊清雅、悠然自处的生活画面，而孟浩然则描绘了一幅热情、愉快的田园生活画卷。

这首田园诗，以质朴平直的语言描写了静谧、优美的乡村风光，同时也表现了老友重逢，推杯换盏、谈笑风生的欢乐场面。

“绿树村边合，青山郭外斜”两句是景物描写，“合”“斜”二字用得极为精当、传神。其中“合”写出了绿树环抱的样子，“斜”又表现了青山依依的状态，仅仅两个字就描绘出了绿树与青山远近相映的旖旎风光。这正是诗人锤炼语言、深厚功力的体现。古人云：“言之无文，行而不远。”说的就是语言章法的重要性。杜牧《泊秦淮》中有一句“烟笼寒水月笼沙”，其中的两个“笼”字，尽现月色江景浑然一体的迷蒙美景。《回忆马克思恩格斯》一书谈到“马克思在语言和风格问题上十分考究，有时到了咬文嚼字的程度”。“他对于语言的简洁和正确是一丝不苟的。”可见伟人在词语的选用和锤炼方面认真的态度。

许多中学生在运笔时，常常是随意的，甚至是滥用词句。结果往往是词不达意或词不尽意，让人读来感觉索然无味，甚至啼笑皆非。在一次作文批改中笔者看到了这样一句话：“在乌云密布的黑夜，路灯耸立在那里……”显然“耸立”应用来形容高大的建筑物，用在这里当然是不恰当的，一字之差，很可能“谬以千里”。看来，“咬文嚼字”还是很有必要的。

火树银花合

火树银花合，星桥铁锁开。
暗尘随马去，明月逐人来。
游妓皆秾李，行歌尽落梅。
金吾不禁夜，玉漏莫相催。

苏味道《正月十五夜》

元宵佳节是中国人十分重视的一个传统节日。这一天家家户户燃放烟花爆竹，张灯结彩。大街小巷人潮涌动，十分热闹。苏味道的《正月十五夜》就描写了长安城元宵夜的喜庆、喧闹的景象。

诗人以“火树”“银花”“星桥”统领全篇，写出了街上灯火通明、交相辉映的景象。此时城门也开了铁锁，游人络绎不绝，连马蹄下飞扬的尘土也看不清楚。月光朗照，欢乐的人群笼罩在一片月光中。歌伎们打扮得花枝招展，一边走着一边唱着古曲《梅花落》。到了深夜，人们仍然游兴未尽，真希望这元宵夜永远不会过去。

值得一提的是，诗中的“火树银花”现在已成为一个成语被广泛地使用，用来形容灿烂的灯火或烟花。中学教材中选编的古文、诗词中我们也能看到许多沿用至今的成语。如“锲而不舍，金石可镂”中的“锲而不舍”（《劝学》）；此外还有《邹忌讽齐王纳谏》中的“门庭若市”；《庖丁解牛》中的“游刃有余”；等等。同学们应该做有心人，在平时多加整理和收集这样的成语，并了然于心，成语的积累也是不断丰富词汇储备的过程。如果在写作中适当运用成语也会使句子显得简洁和精练，增强文章的辞采。

这里还要指出的是，在运用成语的时候有两忌：一忌不解其意，滥用成语。二忌东拼西凑生造成语。总之，成语的运用必须恰到好处，才能使文章因之添色。

远书归梦两悠悠

远书归梦两悠悠，只有空床敌素秋。

阶下青苔与红树，雨中寥落月中愁。

李商隐《端居》

这是李商隐身在异乡时的思乡之作。远书，即家书。家书已经很久没来了。拿出以前的家书，看着它入梦。可是梦醒后，空床依旧，然而又别无他物，只有用它来抵挡这寒冷的秋天。石阶下的青苔与经霜的红叶，在雨中寥落，在月中伤愁。

在这首小诗中，采取了多种表现手法。如衬托法，用家书未到来衬托此时的孤寂。如拟人的手法，把阶下的青苔看成像人一样具有寥落感、忧愁感。如寄景于情，用青苔与红叶的凋谢来表达自己的寥落、忧愁等。

但是，这里我们要着重提出的并不是以上的方法，而是互文法。互文法是一种多见于古诗词的修辞手法。它的好处在于，能够使语言简练，达到言简意赅的效果。在古诗中，有许多这样的例子。如“秦时明月汉时关，万里长征人未还”。这里，应是“秦时明月秦时关，汉时明月汉时关”。但是如果这样写，会使文章烦琐拖沓，用了互文法就避免了这样的不足。又如“将军百战死，壮士十年归”，也是一种互文。应是“将军、壮士百战死，将军、壮士十年归”，两件事互相补充，互相说明。

在我们学过的课文中，互文法很常见，但是阅读的过程中，我们可能并没有注意到。这是因为好的表达总是给人带来愉快顺畅的阅读体验，至于写作方法，已完全融入字里行间。比如在李宝嘉的《制台见洋人》中，这样描写了制台对他的手下的态度：“至于在他手下当差的人甚多，巡捕、戈什，喝了去，骂了来，轻则脚踢，重则马棒，越发不必问的了。”在这里，“喝了去，骂了来”就是互文。就意思来看，读者很容易明白，它的意思是“不管来还是去，都对手下喝骂”。用互文后，使得语言简练了，而且富有节奏感。

我们写作文时，为避免烦冗拖沓，可灵活地采用互文法表达。但首先一定要弄懂其中的语法关系。如果互文后的意思与原来的意思不一样，那就不是互文。例如，有的同学把“小明学习好，纪律好；小红学习好，纪律好”这个句子，改为“小明学习好，小红纪律好”并认为这就是互文。实际上，这不是互文。虽然互文也是各省一边，但它的一个最基本的前提就是互文的句子与原意相同。同时要注意的是，在一篇文章中，互文不宜过多，而且要合乎内容，否则会造成歧义。

生不成名身已老

男儿生不成名身已老，三年饥走荒山道。
长安卿相多少年，富贵应须致身早。
山中儒生旧相识，但话宿昔伤怀抱。
呜呼七歌兮悄终曲，仰视皇天白日速。

杜甫《乾元中寓居同谷县作歌七首（其七）》

这首诗是杜甫在最为艰难的时期写下的一首表达自己怀才不遇、生活困苦的小诗。诗中以三年在荒山道的生活为题材，描绘出生活的艰难，而这些又都是“男儿生不成名身已老”所致。所以，作者接下来自然要对这种生活状况及原因发表自己的看法。作者以过来人的口吻奉劝那些想要得高官、享富贵的人："长安卿相多少年，富贵应须致身早。"要想富贵，就要早早地做准备。至于准备什么，作者并没有点明，但我们却能从中清晰地感到作者对那些年纪轻轻就成为王侯将相的人有力的讽刺。因为，他们的高官厚禄不是靠自己的本事得来的，而是靠家里的"准备"上去的。诗的后半部分，写出诗人与"同是天涯沦落人"一起感慨这世间的不平，但最后还是默默地收起这些悲愤。然而，这又何尝容易呢?

这首小诗在艺术上一个独特之处就是采用了长短句的形式来结构全篇。长句和短句都是常见的句式。长句指的是那些词语多、结构复杂的句子；短句则是一些词语少、结构简单的句子。一般说来，长句和短句应搭配使用，使两者的优势结合起来。

在我们的作文中，长句和短句的搭配更是必要。如果一篇文章中单调使用长句短句，就会显得比较呆板。写作时适当注意句式的变化，会增强文章的节奏感，起到一唱三叹的效果。

故国三千里

故国三千里，深宫二十年。
一声《何满子》，双泪落君前。

张祜《宫词二首（其一）》

这是一首直抒胸臆的小诗，诗中描写了一个在深宫中久居多年的宫女一生的感慨。

“故国三千里，深宫二十年。”诗歌一开头就用了几个巨大的数字来表明宫女的一生凄惨。故国指的是宫女的家乡，家乡离这里有三千里，对于一个离家在外的人来说，这是多么遥远啊！可是，宫女的痛苦远不止这些。离家还是小问题，而在这深宫中足足待了二十年啊，这是怎样的日子啊！没有自由，没有亲人，没有伙伴，有的只是众多的规矩、礼节以及宫女们相互争宠。这二十年她是怎么熬过来的啊！“一声《何满子》，双泪落君前。”现在，当唱起《何满子》时，即使在君王面前，眼泪也止不住地流了下来。

在这首诗中，我们能够强烈地感受到宫女的一生辛酸，长期在深宫中生活的痛苦。那么，是什么使读者有如此强烈的感受呢？是什么使全诗如此地感人呢？

细心的读者不难发现，这首诗有一个特点，那就是运用了数字来表达。诗中每句话里都有数字，“三千里”“二十年”“一声”“双泪”。这些数字可以说在整首诗的表达中起到了非常重要的作用。准确而恰当地运用数字会增强文章的可感性，使读者在头脑中能形成一个大致的概念。数字包括两种：一种是确数，一种是概数。确数使表达清晰，概数可以起到扩大或缩小的作用，有助于获得良好的艺术效果。

在中学生的作文中，数字是常常被学生们所忽视的。但实际上，许多名篇中都采用数字来增强表达效果。如“七八个星天外，两三点雨山前”，“两句三年得，一吟双泪流”，“梅须逊雪三分白，雪却输梅一段香”，“三十功名尘与土，八千里路云和月”，等等。这些数字都在表达思想和主题上起到一定的作用。同学们在写作练习时可以适当地尝试使用。

浮云游子意

青山横北郭，白水绕东城。
此地一为别，孤蓬万里征。
浮云游子意，落日故人情。
挥手自兹去，萧萧班马鸣。

李白《送友人》

这是一首送别诗，有诗情画意，如行云流水般把景色写得清新明快。但最令人叫绝的是诗人巧妙地融情入景，表达出自己对友人的依依不舍之情。我们眼前好像浮现出了这样一幅惜别图：青山横亘在外城之北，清澈的河水环绕东城流淌着。我与你在这里分别，你就要像蓬草那样随风飘转，万里飘零了。看那天空中的飘忽不定的浮云正好像你此时的心境，而那西方的落日正缓缓而坠，正如同你我依依惜别的深情。送君千里，终有一别呀。忍痛和你挥手告别吧，就连我们两人的马都不愿分离，也萧萧长鸣呀！

这首诗中运用了多种写作手法，如“青”“白”相间的色彩对比法。“横”与“绕”的动静结合法，巧妙地以“浮云”“落日”作比，来表明心意的象征法，尾句化用《诗经》“萧萧马鸣”，嵌入“班”字，烘出缱绻情谊的仿拟法，以及全诗的情景交融法。这些方法都是比较常见的。

而在“此地一为别，孤蓬万里征”中，我们不但看到了对离别的感伤，同时也巧妙地运用了数字“一”和“万”，“一别”强调时间的短暂，“万里”虚指强调路途的遥远，创造了一种悲凉的氛围，使情感得到了恰当的表达。在我们熟悉的课文《在马克思墓前的讲话》中有这样一段描写：“让他一个人留在房里还不到两分钟，等我们再进去的时候，便发现他在安乐椅上安然地睡着了——但已经是永远地睡着了。”这里的“两分钟”所熔铸的感情是无限的，强调了作者对马克思的关切，仅隔两分钟就要回来看看。《红楼梦》中有一段对林黛玉的评价：“心较比干多一窍，病如西子胜三分。”其中的“一”和“三”是虚指，“多一窍”无非是说林黛玉心思缜密，究竟到了什么程度呢，作者不直接说，而是用数字暗示，这样文章更加耐人寻味了。这就是恰到好处地运用了数字的妙处。

两句三年得

两句三年得，一吟双泪流。

知音如不赏，归卧故山秋。

贾岛《题诗后》

诗人贾岛曾再三吟咏，反复比较“僧敲月下门”与“僧推月下门”两句的意境，就此传为“推敲”的炼字佳话。这个故事也使他成了后人写作时锤炼词语的典范。贾岛深知一字一词的来之不易，就在吟成“独行潭底影，数息树边身”二句后，写下了这首五言绝句，道出了其创作的艰辛。

历经三年的呕心苦思，才作成这两句诗，每当吟诵它的时候，总忍不住热泪盈眶。懂得我诗的人如不赏识，我就回归故里，以度残年，再也不作诗了。是呀，若是自己用心血凝成的作品，无人能识，后世不传，岂不是一个悲哀吗？

贾岛的苦吟，引起了许多文人的共鸣。后世的诗人方干有“才吟五字句，又白几茎髭”“吟成五字句，用破一生心”的感慨。卢延让更有“吟安一个字，捻断数茎须”的悲叹。“艰难困苦，玉汝于成。”曹雪芹花了十年的时间写成被誉为中国文学史上最伟大小说的《红楼梦》，最后发出了“字字看来皆是血，十年辛苦不寻常”的慨叹，又作诗云：“满纸荒唐言，一把辛酸泪。都云作者痴，谁解其中味？”

此外，《史记》中“一字千金”的故事也是锤炼词语的好范例。吕不韦让他的门客著成《吕氏春秋》，他把这本书放在咸阳的城门上，同时又悬挂了一千两黄金，并宣布谁能将这部书增加一个字，或者删掉一个字，给他千金之赏。可见在这部书中的每一个词已经达到千锤百炼的程度了。

贾岛的诗句“两句三年得，一吟双泪流”，一方面告诉我们文学创作是一项艰苦的劳动，没有捷径可走，更无“秘诀”可寻。我们学习写作的时候也千万不能急于求成，坚强的毅力加上长时间的勤学苦练方成正果。另一方面告诉我们“佳作常自改中来”的道理。托尔斯泰的《复活》九易其稿，果戈理的《死魂灵》五易其稿，茅盾的《子夜》开头就有20多种设计。写作中决不可以不假思索地信手拈来，而要反复斟酌，仔细推敲，力求精当用字，词不虚发。

千寻铁锁沉江底

王濬楼船下益州，金陵王气黯然收。
千寻铁锁沉江底，一片降幡出石头。
人世几回伤往事，山形依旧枕寒流。
今逢四海为家日，故垒萧萧芦荻秋。

刘禹锡《西塞山怀古》

这是一首咏史诗。诗中回忆了西晋与东吴之战。这场战争是一场有名的战役，不仅因为它是东吴灭亡的关键之战，更重要的是，在战争过程中，双方都采用了前所未有的方法。西晋方面，晋武帝派王濬率领以高大的战船组成的水军，顺江而下。而东吴方面则在江底暗设铁锥，同时，用铁链封锁水面。但是，王濬棋高一着，用几十个大木筏开路，借水势冲断铁链，一举歼灭东吴。

刘禹锡的这首诗正是对这场战役的回忆，同时，作者借用这一史实，表达了要合乎历史发展的思想。这首诗中，作者引用典故的手法，值得中学生在写作中参考。

用典是引用历史典故来表达中心思想的方法。在引用时，一般要注意两点：一是所引用的典故要与所表达的中心思想密切相连。二是在一篇文章中，用典不宜过多，要适量。

在中学生的作文中，这种方法主要适用于议论文中的例证。如周成王桐叶封弟，可以论证言而有信、谨慎行事等；庄子谈庖丁解牛，可以论证得其要道、掌握规律、迎刃解难等；孟母三迁，可以论证环境对学习的影响、主客观的重要性等；毛遂自荐，可以论证敢于挺身而出、肯定自我、为国排忧等；曹孟德老骥伏枥，可以论证年高者壮心不已、理想永存、向往奋斗等；陶渊明不为五斗米折腰，可以论证甘于清贫、不媚权贵、保持高尚情操等；清初的文字狱，可以论证压制思想、遏制文明的可悲等。中学生在学习历史散文和历史故事时要注意积累，这样才能在引用典故来论证主题时得心应手。

贾生年少虚垂涕

迢递高城百尺楼，绿杨枝外尽汀洲。
贾生年少虚垂涕，王粲春来更远游。
永忆江湖归白发，欲回天地入扁舟。
不知腐鼠成滋味，猜忌鹓雏竟未休。

李商隐《安定城楼》

这是一首用典诗。作者借用典故来说明自己怀才不遇，寄人篱下的境况，表达了自己的心胸和志向。在这首诗中，作者引用贾谊年少时，上书未被采纳的典故来说明自己落选的事实；引用王粲远游，依附刘表的典故来说明自己依附在王茂元幕下的寄人篱下的生活。这两个典故是说明作者的遭遇。尽管如此，作者还是抒发了自己的远大志向。他借用春秋时范蠡乘扁舟而去的典故，表达自己希望在成就一番事业后，不贪图名利，乘舟而去的理想。对于那些贪图名利的小人和佞臣，作者借用庄子的典故对他们进行了鞭挞和批判。

运用典故是这首诗最大的特色。无论是叙述自己的遭遇和境况，还是表达自己的理想和志向，作者都没有直接表达，都是借用典故来说明。这样委婉而含蓄，耐人寻味。

在中学生的作文中，用典是表达中心思想的有效方法之一。在日常的语文学习中，同学们应该注意多看一些关于历史和文化的书籍，这有利于积累知识，免得在想引用典故时捉襟见肘，不知所措了。

下面提供一些典故和其常用的论据供同学们参考：

1. 用刘禅乐不思蜀的典故，来说明丧失气节和骨气，寄人篱下而不知耻等。

2. 用勾践卧薪尝胆的典故，来说明忍辱负重，奋发图强等。

3. 用赵括纸上谈兵的典故，来说明不务实际，空谈误事等。

4. 用杨贵妃吃荔枝的典故，来说明统治者不顾人民死活，搜刮民脂民膏等。

5. 用精卫填海来论证持之以恒、敢于奋斗、矢志不移等。

6. 用苏武牧羊来论证忠于国家、保持气节、威武不能屈等。

7. 用毛遂自荐来论证敢于肯定自我、敢于挺身而出等。

8. 用高山流水觅知音的典故来论证友谊的真挚等。

9. 用头悬梁、锥刺股来论证勤奋刻苦、自强自立等。

10. 用刘邦约法三章来论证军纪严明等。

武帝爱神仙

武帝爱神仙，烧金得紫烟。
厩中皆肉马，不解上青天。

李贺《马诗二十三首（其二十三）》

这是一首满含讽刺的小诗，诗中描写了汉武帝想成仙的典故。据记载，汉武帝曾经烧金炼丹，为了长生不老保持自己的统治。然而，事与愿违，他还是如常人一样，所得的，不过一缕紫烟而已。同时，诗人还用一个小细节来讽刺汉武帝的幻想，那些在马厩里豢养的马，个个是一堆懒肉，哪是能腾云驾雾的神马呢？这个小细节，有力地讽刺了汉武帝的妄想。在这里，这些肉马，实际上就是那些养尊处优的大臣。

李贺是中唐时的诗人。当时的唐朝在经过安史之乱后，国力衰微，一蹶不振。虽然李贺是皇室的子孙，但当时也是家道衰落。年轻而富有才情的李贺为了重振家业，为了复兴国力，曾积极地参加政事。可是，一系列的事实，使他灰心丧气。于是，他借古喻今，讽刺当朝的统治，也表达出自己怀才不遇的郁闷心情。

借古喻今是这首诗主要的写作方法。在中学生的作文中，尤其是一些议论文，借古喻今是突出中心论点的有效方法。学生们可以通过典故、史实、名人故事等来发表看法，表达情感。如可以借秦始皇焚书坑儒的史实来提醒当代，要重视知识，重视教育，重视人才，以免重蹈覆辙。又如可以借叶公好龙的传说，来说明在现实生活中，要言行一致、表里如一等。借古喻今往往既能够含蓄地表达主题，又能使论证和说理都以事实为依据，增强文章的说服力。

长安少年游侠客

长安少年游侠客，夜上戍楼看太白。
陇头明月迥临关，陇上行人夜吹笛。
关西老将不胜愁，驻马听之双泪流。
身经大小百余战，麾下偏裨万户侯。
苏武才为典属国，节旄落尽海西头。

王维《陇头吟》

这是王维用乐府旧题写的一首边塞诗，写得悲怆郁愤。一位有游侠之风的长安少年，夜晚登上戍楼观察“太白”的星象。陇山头的明月照着关西，陇上的行人吹着笛子。关西老将听到笛音不胜哀愁，停下马来，不觉老泪纵横。虽然一生身经百战，立下了汗马功劳，但却没得到应有的封赏，而他的部下

有的已成了万户侯。苏武出使匈奴被扣留，在北海边上牧羊十九年，连符节上的旄穗都落尽了，像这样赤胆忠心的人，回到朝廷后，才被封为典属国那样的小官。

这首诗的最后两句“苏武才为典属国，节旄落尽海西头”，引用了苏武的典故。诗人由关西老将的命运，想到与此有着同样际遇的苏武，借以说明由古至今，功大赏小，这种不公平的现象是时有发生的。王勃在《滕王阁序》中感叹道：“冯唐易老，李广难封。”这里就引用了李广和冯唐的典故，汉代人冯唐很有文韬武略，可惜仕途不济。直到汉武帝时，访贤求良，有人推荐他，他才得以施展才华，可是那时他已经九十多岁了。汉将军李广屡克匈奴有功，却始终未被封侯。诗人用此典故是为了隐喻自己唯恐年岁易老，徒有报国之志，无处施展的忧虑。

恰到好处地运用典故，会使文章更具有说服力和感染力。中学生对这一写作手法的运用并不陌生，一些典故也经常被同学们使用。比如有这样一段话：“我国历史上赵武灵王发出了‘胡服骑射’的命令，他力排众议，进行了一系列的改革，最终实现了国家的振兴。赵武灵王的自尊自信和远见卓识赢得了后人的称赞。”这里用了“胡服骑射”这个典故，借以论证自信是成功所必备的条件，由于这是一个人所共知、实实在在的历史事实，所以就大大增加了文章不容置疑的逻辑力量。我们在写作中使用此法的时候切记要先弄懂典故的含义，不可张冠李戴，牵强附会。

功盖三分国，名成八阵图

功盖三分国，名成八阵图。

江流石不转，遗恨失吞吴。

杜甫《八阵图》

大家一定都看过《三国演义》，无论是书，还是电视剧，我们对那位有胆有识、深谋远虑，在大兵压境的情况下，依然指挥若定，用“空城计”退司马懿几十万兵马，曾经“草船借箭”“火烧赤壁”的风云人物诸葛亮，一定不陌生。杜甫的这首诗就是赞美其人的。

这是一首怀古绝句。“功盖三分国，名成八阵图。”这两句赞颂诸葛亮的丰功伟绩。虽然三国鼎立的局面形成有很多因素，但刘备能够建立蜀国，诸葛亮的辅助是其中重要的原因。这句话客观地评价了诸葛亮的历史功绩。“名成八阵图”，反映了诸葛亮卓越的军事才能。

“江流石不转，遗恨失吞吴。”这两句就是对“八阵图”的遗址发出的感慨。八阵图虽然经过百年的风雨，却依然保持原来的样子，可见诸葛亮的才能无人能比。“江流石不转”，既是写八阵图的石堆没有变化，也是在赞美诸葛亮的精神，如同磐石一样，千秋永存。尽管如此，刘备吞吴未成，又破坏了“联吴抗曹”的基本策略，最终蜀国却没能完成统一大业。诸葛亮的心血付之东流，实在是千古遗憾。杜甫借怀念诸葛亮的机会，诉说“伤己垂暮无成”的抑郁情怀。

在我国的古代诗词典籍中，经常出现一些典故。运用典故能够起到含蓄、洗练、委婉和引发读者联想的作用。对于鉴赏者来说，如果不了解典故的含义，就不能很好地读懂这首诗。因此同学们在平时就应该扩大知识面，并在写作中适当地借用典故，以增强文字的表现力。

开头与结尾

KEWAI YUWEN YINGYONG XILIE

鸡声茅店月

晨起动征铎，客行悲故乡。
鸡声茅店月，人迹板桥霜。
槲叶落山路，枳花明驿墙。
因思杜陵梦，凫雁满回塘。

温庭筠《商山早行》

这是一首写出门远行的诗。清晨，驿站里的人们早早地起来收拾行囊，整个驿站都动了起来。就要离开故乡了，远行的游子此时的心情只能用一个“悲”字来形容。“鸡声茅店月，人迹板桥霜”是历来为人们所称颂的名句。它描绘了六个景物：鸡声、茅店、月；人迹、板桥、霜。这六个景物连在一起，就描绘出这样一幅游子将行的景象：天蒙蒙亮，鸡叫声起，月亮还高悬在茅店上。旅客们已经踏霜出发了，唯有板桥上留下一串足迹。走在路上，看到两旁的槲叶已经落了，白色的枳花却开满了驿墙，好似把天都映亮了。回想起昨夜的梦景，仿佛又回到了故乡，看见无数的凫雁在塘里自由自在地游玩。想到自己漂泊在外，心情又悲伤起来了。

这首诗中首尾遥相呼应。在全诗的开头，一句“客行悲故乡”表现出在外漂泊的游子对故乡的眷恋和思念。结尾一句“因思杜陵梦”与开头遥相呼应，用“梦到回家”来进一步地表达游子的思乡之情。这一唱一和，将全诗紧密结合，思乡的主题自然可见。

中学生写作中，首尾呼应是一个重要的原则。它不仅有助于结构的完整，还有助于展现文章的主题。

但去莫复问

下马饮君酒，问君何所之？
君言不得意，归卧南山陲。
但去莫复问，白云无尽时。

王维《送别》

这是诗人王维送友人归隐的一首诗。王维让好朋友下马饮酒，为他饯行。临行前问朋友前往的方向，朋友只是说心情不好，准备归隐南山。于是王维开解他说："你尽管去吧，我也不再追问了。你瞧，山中的白云是没有穷尽的时候的。"

这首诗看似平淡，实则意味深长。"但去莫复问，白云无尽时。"给人留下思考和咀嚼的空间，十分含蓄，大有"余音绕梁，三日不绝"之感。这一结尾蕴含的意义十分丰富，既包含对友人的劝慰之情，"白云无尽时"则流露出诗人对隐逸生活的向往。青山常在，白云无尽，将是怎样一幅美丽的画面呀，真好像人间仙境一般。能够隐居在有青山、有白云的地方，一定是人生的一大乐事吧。

这首诗的结尾句是全诗的点睛之笔，耐人寻味。在写作中，一个含蓄的结尾会使读者觉得意犹未尽，回味无穷。举例来说，法国小说家莫泊桑的名作《项链》是这样结尾的："唉！我可怜的玛蒂尔德！可是我那一挂是假的，至多值五百法郎！……"一个省略号包含着不同的理解和意义，其中有对命运的嘲讽，有对玛蒂尔德的同情，这个省略号可能比几百字的叙述内涵更丰富。看来一个简单含蓄启人深思的结尾，有时真的可以胜过高谈阔论。我们要说，含蓄是一种更深沉的美！

王孙归不归

山中相送罢，日暮掩柴扉。
春草明年绿，王孙归不归？

王维《山中送别》

李叔同有"长亭外，古道边，芳草碧连天"的离愁，王维也曾有"春草明年绿，王孙归不归"的牵挂。这首《山中送别》恰恰流露了诗人情感细腻的一面。

刚刚送别友人，心中不免惆怅，看到那天边的夕阳西坠，更增添了几分愁绪。想不到如果此刻我把柴门关上之后会有怎样的孤独，明年春草再一次发芽的时候，远去的友人会不会归来呢？

这首诗初读时似平淡无奇，反复读之，便觉诗中别有天地，其艺术魅力不在华丽的辞藻，而在于它以问句结尾的艺术手法。

古诗经常在诗情抒写到将尽未尽的时候，突然用问句收住，留下一个想象的空间，让读者自己去品味、去思考、去领悟，从而获得多种艺术美感。

“春草明年绿，王孙归不归?”是一个含意丰富的问句，是送别友人后，萦绕于诗人心头的一个悬疑，表达了诗人盼望友人归来，却又害怕友人归音无期的复杂的心理。陈学法教授在其所著的《语文教学研究》一书中，谈到过作文语言的问题，谈到可以采用多种句式来使语言更加鲜明。不同的句式有不同的表达功能。问句能起到加强语气表达的作用，使句子的意义更加含蓄深刻。

诗歌结尾，问而不答，由读者自己去领悟，就很容易产生余音绕梁之妙。谢榛《四溟诗话》论诗曾说：“凡起句应如爆竹，骤响易彻；结句当如撞钟，清音有余。”写得太实，就无余味可言。用问句不直说是让读者有思考问题的空间。这样，运用问句结尾就会产生韵味深长的艺术效果。这种写作方法是值得我们去借鉴和应用的。

白日依山尽

白日依山尽，黄河入海流。

欲穷千里目，更上一层楼。

王之涣《登鹳雀楼》

鹳雀楼是唐代有名的登临胜地，许多诗人都到这里登临眺望，留下了不少诗作，而唯独王之涣的《登鹳雀楼》，可以传诵千古。全诗仅四句，二十个字。

前两句写景，远看山衔落日，近看东流奔海，大笔挥洒，线条粗犷豪放。既有对实景夕阳西坠的描绘，又有黄河入海、一泻千里的想象。而更耐人寻味的后两句“欲穷千里目，更上一层楼”，写出了登临的心理。要想看得更高更远，就需要再登上一层楼。这不仅体现了对美好事物的向往，而且富有哲理。说明要开辟新境界，看到新天地就需要不断努力，勇于攀登，在人类不断创造、不断进取的生活中，它能给人以鼓舞，使人充满信心。因此，直到今天，“更上一层楼”还作为常用的成语而流传，并常用于长辈对晚辈的祝福语之中。

在写作中，我们可以从这句名言中借鉴两方面。第一，因其富含深刻的哲理，可以将其作为一个理论论据应用于论证勇于进取精神的议论文体之中。第二，在写作手法上，这句诗作为全篇的结尾，含蓄有味，在作者所在的位置放眼看去，景色已经很是壮观了，如果再上一层楼会有什么样的景色呢？诗人点到为止，不再做更进一步的说明，留给读者的是想象的空间。看似平淡，实际上却有言外之意，读者的心中可能会呈现出成千上万种美景，虽然各不相同，但在每个人心中都是最美的。这种结尾方式使人思之得之。中学课文中老舍在《小麻雀》的结尾说：“似乎明白了一点什么。”明白什么了呢？这里设置悬念，是让读者去理会和体味，留给你的是更多的思考和回味的余地。这便是大师们用笔之妙，也是我们应该学习的方法。

二十四桥明月夜

青山隐隐水迢迢，秋尽江南草未凋。

二十四桥明月夜，玉人何处教吹箫？

杜牧《寄扬州韩绰判官》

《寄扬州韩绰判官》这首诗是杜牧赠给好友韩绰的。它风格婉约，词采优美，堪称脍炙人口的名作。

远处的青山隐约可见，江水浩渺，滚滚远逝。此时已过深秋时节，不禁怀念起江南的绿草青青的美景。月夜中扬州城的二十四座桥上，我的友人韩绰你在哪里教歌女们吹箫呢？

此诗最后“二十四桥明月夜，玉人何处教吹箫？”以疑问句来作结收束全篇，流露出诗人调侃友人的温情，也表现出两人之间深厚的友情。疑问句所表达的语气和意义是十分丰富的。往往因文而定，一个疑问句所包含的意义可能胜过千百字。这正符合古典诗歌“终不许一语道破”与“字惟其少，意惟其多”的艺术表现要求。

辛弃疾的《永遇乐·京口北固亭怀古》一词中也是以疑问句收束全篇的：“凭谁问，廉颇老矣，尚能饭否？”词人自比廉颇，虽然赤胆雄心，可惜不被重用，一个发问，表达了英雄暮年，空有一腔报国之志而无处施展的悲哀。苏轼的《永遇乐·彭城夜宿燕子楼》中也有一句：“燕子楼空，佳人何在？”抒发了诗人触景伤情，感叹人生无常，物是人非的无奈心情。当代诗人蔡其矫有一首诗《川江号子》，其中有一段深沉的追问："但是千年来/有谁来倾听你的呼声/除了那悬挂在绝壁上的一片云，一棵树，一座野庙?"句句浸透了船夫的血泪。这是一种悲怆的呼问。这种结尾方式是不是也能给我们一点启示呢?

江南有丹橘

江南有丹橘，经冬犹绿林。
岂伊地气暖，自有岁寒心。
可以荐嘉客，奈何阻重深!
运命唯所遇，循环不可寻。
徒言树桃李，此木岂无阴?

张九龄《感遇十二首（其七）》

这首诗明白如话，非常容易理解。描写了江南的丹橘，虽然生长在温暖的南方，但一样有着傲雪斗霜的本性，冬天来临仍枝繁叶茂。虽然它美味可口，可是却受到重重阻挠，不能被推荐给客人。为什么人们只知道大量地种植桃树和李树，而单单冷落橘树呢？难道是它就不可以用来遮阴吗？诗人显然在这里是借丹橘的不幸遭遇来感叹自己命运的坎坷，也是对因不被重用而压抑已久的心情的一种释放。

这首诗最有特色的地方在尾句："徒言树桃李，此木岂无阴?”以反问的形式收束全诗，强烈而深沉地表达了世人怀才不遇的不满。试想一下，如果把此句改成陈述句式：“徒言树桃李，此木也有阴。”就大大削弱和降低了这种愤激之情的感染力和表现力。

“编筐编篓，重在收口。”写作文也是一样，因此，作文结尾一定要不落俗套，力求新颖。用反问句作文章的结尾，不但简短明快，而且具有极强的感染力。反问是用疑问的语气表达与字面相反的意思，又叫作“明知故问”，问而不答，答案往往就在问题的反面，语气强悍、有力、畅快。以反问结尾的例子很多。例如《一夜的工作》：“看啊，这就是我们中华人民共和国的总理。我看见了他一夜的工作。他每个夜晚都是这样工作的。你们看见过这样的总理吗?”用一个反问句作结尾，既与开头相照应，又有力地表达了文章的中心，让读者回味向往，激起共鸣。同学们在写记叙文和议论文时尝试运用这种用反问来结尾的方法，相信会给你的作文增色的。

孤舟蓑笠翁

千山鸟飞绝，万径人踪灭。

孤舟蓑笠翁，独钓寒江雪。

柳宗元《江雪》

姜子牙用直钩钓鱼，自得其乐。那么，柳宗元笔下的“蓑笠翁”独钓寒江雪，又该是何等情趣呢?

与其说这是一首诗，倒不如说这是一幅画来得贴切。终年积雪的山上不见鸟儿飞翔的踪影，条条弯曲的小路上也看不到人的足迹。江面上一叶孤零零漂泊的小舟，一位老渔翁披着斗笠静静地独自垂钓……这是一幅多么冷清的图画呀！

"孤舟蓑笠翁，独钓寒江雪"是全诗的点睛之笔。其特点是在结尾点明题目，属于"倒点题"的类型。最后提到的"江雪"突出了天气的寒冷，在那样寒冷的环境里，老渔翁忘掉一切专心垂钓，也表现了"蓑笠翁"的孤傲和卓尔不群。诗意曲折地反映了诗人在革新失败后，不屈而又孤独的心境。在这首诗里，包罗一切的是雪。

篇末点题，深化主题是一种常见的结尾方法，这样的结尾让人有豁然开朗之感，使文章浑然一体。作家严文井的散文《啊，你盼望的那个原野》中描述了"我"对爱人的怀念和愧疚，以及对那个动乱年代的谴责。作家在结尾处是这样写的："你应该高兴，我们正在走向花的原野。啊，你盼望的那个原野！"这一点睛之笔把作家对爱人的眷顾和对新生活的憧憬之情全表达出来了。再如，铁凝的小说《香雪》讲述的是一个名叫香雪的乡村少女利用列车在小站停留的片刻，用鸡蛋换物品的故事。情节很简单，但却表现了香雪那特有的质朴、善良、真诚的品质。铁凝选择了一个十分简练的结尾："哦！香雪！香雪！"紧扣题目，具有一种感情的爆发性，是对纯朴、可爱的香雪的热情呼唤。这里还需要指出的是中学生在作文时，不能为了结尾点题而点题，最好的方法是精心构思，不着痕迹，顺其自然地在结尾处画龙点睛。

构思与立意

KEWAI YUWEN YINGYONG XILIE

花近高楼伤客心

花近高楼伤客心，万方多难此登临。
锦江春色来天地，玉垒浮云变古今。
北极朝廷终不改，西山寇盗莫相侵。
可怜后主还祠庙，日暮聊为《梁甫吟》。

杜甫《登楼》

这首诗在构思上具有独到之处。“花近高楼伤客心，万方多难此登临。”国家经历了收复河南河北，平定安史之乱后，又陷入了吐蕃的入侵中，“万方多难”就是这些战乱的概括。在这个时候，作者登上城楼远眺，“伤客心”正是诗人自谓。“锦江春色来天地，玉垒浮云变古今”，站在城楼上，锦江和玉垒上尽呈眼前。锦江水清澈明净，玉垒上郁郁葱葱，正是一片春色。这里不仅写出了空间，而且“古今”也将时间的变换表现出来。“北极朝廷终不改，西山寇盗莫相侵。”由景引发出对现实的思考。虽然朝廷经历了这么多的战争，但唐朝的大旗却始终不倒，那些入侵的寇盗必定会失败而归的，作者捍卫祖国的决心由此可见。“可怜后主还祠庙，日暮聊为《梁甫吟》”，这是规劝当朝的统治者，要励精图治治理国家，不要沉迷在个人的享乐中，否则，再大的江山也会毁于一旦的。

在构思上，作者巧妙地将近景与远景结合，将时间与空间结合，将情与景结合。这三个结合，使全诗宏大雄浑而又富有意境美。

构思是作文非常关键的一步。那么，什么是构思，如何构思呢？通俗地说，构思就是写文章的计划，也就是在写作之前，从审题、立意、选材到表现手法、结构等都要心中有数，就好像一个优秀的建筑师在盖楼之前一定要有设计图纸一样。作文构思直接关系到文章的质量，学会先构思再作文，是养成良好的写作习惯的第一步。

例如，在我们熟悉的秦牧的《土地》中，作者按照从今到昔、从昔到今的结构来构思全文。文章的开头描写了今天的大地的景色，然后引发联想，由今转到古，通过古代的一个故事来说明土地在人们心目中的作用。在文章的后半部分，作者借古代的故事发出感慨，并联系到现在人们对土地的感情。整篇文章构思严谨，结构清晰，体现出作者在构思上的认真态度。

白雪却嫌春色晚

新年都未有芳华，二月初惊见草芽。
白雪却嫌春色晚，故穿庭树作飞花。

韩愈《春雪》

诗人韩愈的诗以追求奇险著称。在这首描写春雪的小诗中，我们能够充分地领略到韩愈诗的这种奇险的特色。虽然这

是一首七言绝句，但作者却没有因此而掉以轻心，相反，在构思上着实下了一番苦功。

这首诗主要描写的是春天的雪景，诗中的草芽、白雪、庭院等景物都是比较常见的，而且在其他描写雪的诗中也经常使用。但是，这首诗并没有因为所描写的景物的平淡无奇而暗淡无光。“新年都未有芳华”，此时已是春天了，为什么春天好像还没有来呢？作者用“都未有”这三个字，将自己急切地盼望春天的心情直率地表达出来。“二月初惊见草芽”，到了二月才看见草芽确实令诗人惊奇，但不管怎么说，春天毕竟来了，诗人在久盼中看到了希望，因此，又惊喜万分。诗的尾联，构思奇特，使整首诗呈现出浪漫的气息。“白雪却嫌春色晚，故穿庭树作飞花。”作者借白雪来抒发自己的期盼。诗中把白雪写成了同诗人一样盼着春天的到来，但是仿佛白雪比诗人还急，自己飘飘而下，像春天的花瓣一样穿过庭院。

在这首诗中，中学生主要学习韩愈的这种巧妙的构思。我们都知道，构思是写作文的必要步骤。在动手写之前，一定要根据实际情况或所要表达的中心思想来构思整篇文章，这样，才能在写的时候做到心中有数，使文章有自己的风格。中学生在写作文时，不要急于动笔，拿到一个题目就开始写，写到最后才发现跑了题。而应该认真地思考，仔细地构思，这样才能写出好的文章来。

在中学生的作文中，多数是给材料作文或命题作文。在这样的情况下，中学生的构思要以材料和题目为依据。大致分为这样五步：

1. 根据材料的要求先确定体裁，是记叙文、说明文还是议论文等。

2. 构思立意，即确定文章的主题。主题的确定要与材料的内容和题目一致。

3. 构思写作方法。在中学生的写作中，方法的选择是非常重要的。一般说来，在一篇优秀的作文中往往是许多方法的综合应用。中学生在构思方法时，要综合考虑各个方法的作用和特点，择优选取，确定适合这篇文章的方法。

4. 构思文章的结构。中学生在写之前一定要对文章的结构认真构思。结构是整篇文章的骨架，它直接决定文章的总体风貌。

5. 选材的构思。在确立了主题、结构和写作方法后，要对材料的选择进行构思。选择什么样的材料才能表达中心，才能突出主题等都是选材时必须考虑的问题。

寻常不省曾如此

远信入门先有泪，妻惊女哭问何如。

寻常不省曾如此，应是江州司马书！

元稹《得乐天书》

这是元稹描写自己在谪居通州时收到白居易的信时欣喜的情景。小诗构思有别于一般的抒情诗。整首诗是要表达作者与白居易之间的深厚友谊，但它没有像一般的抒情诗那样用景或

物来抒情，而是采用了一种类似叙事的手法，从收到来信写起，由此来表现两人感情之深。

诗的开头描写了接到信时作者的反应："远信入门先有泪。"在作者最不得意的时候，没有人问候，现在却收到了好友的来信，心里除了感动还是感动，因此不由得老泪纵横。"妻惊女哭问何如"，这是从侧面描写作者的反应：异于平常的情感波动令妻子惊讶，女儿害怕——这到底怎么了？"寻常不省曾如此，应是江州司马书"，诗的尾联点出了主题，平常时不是这样的，一定是白居易来信了。由此，我们可以明显地感受到作者与白居易之间的深厚友谊。

全诗构思奇特，脱离了用景物写情的一般手法，开创了一个以叙事来写情的新方法。这种新方法最大的特点是描写一定要细腻，而且事件一定有代表性，能够以小见大。

在中学生作文中，这种通过叙事来写情的方法通常适用于记叙文中。用代表性的细节来表达一种无法言表的情感或思想对整篇文章的表达是非常有用的。如这首诗，用接到信这样一件看似极小的事反映出作者与白居易之间的情谊，以小见大，由特殊可见一般，使全诗新颖独特，引人深思。

又如在朱自清《背影》中，作者要表现的主题是父爱。在构思时，作者没有运用直接的议论和抒情的方式，而是通过父亲给儿子过铁路买橘子这样一件小事来表达中心。小中见大，平凡中见伟大，独特而巧妙的构思是这篇文章成功的重要因素。

玉露凋伤枫树林

玉露凋伤枫树林，巫山巫峡气萧森。
江间波浪兼天涌，塞上风云接地阴。
丛菊两开他日泪，孤舟一系故园心。
寒衣处处催刀尺，白帝城高急暮砧。

杜甫《秋兴八首（其一）》

这八首诗是代宗大历元年（766）秋杜甫流寓夔州时所作。秋兴，因为秋天而抒发自己的情怀。“悲秋”是古诗中常见的题材，作者此时身居巫峡，以思念长安为线索，抒写自己在兵荒马乱的时候，滞留他乡的客中秋感，充满了凄清哀怨的情绪。

作者先渲染了此时的环境，萧瑟阴森，动荡不安，本该收获的季节，却因为战乱而显得极为萧条，让人触目惊心，诗人的忧国之情、孤独抑郁的情感被这景象引发，不可抑制。

“丛菊两开他日泪，孤舟一系故园心。”杜甫于永泰元年（765）夏离开成都，秋居云安，次年秋又稽留夔州，所以称“丛菊两开”。回忆过去，自己禁不住流泪，花开两次，自己流泪两次，日夜思念着自己的第二故乡长安，可归舟老是系在江岸上，开不出去，因此，自己也高兴不起来，时时在考虑归乡的时间，而这是漫长的等待，从天明盼到黄昏，直到深夜，夜不能寐。由于思乡心切，以至于菊花的开落，都让诗人联想到什么，过于敏感的心，让他无法摆脱孤独，而一切都事与愿违。诗人只有等待，等待，再等待。

我们从这首诗中借鉴的应该是作者选择了一个很好的角度来抒发自己的情感。秋天是收获的季节，面对秋色，人们往往是充满喜悦的，但也有例外，当一个人寄寓他乡时，见到秋天，勾起对故土的思念，心中自然是悲凉的。譬如写一篇题为《秋天》的命题作文，可以写金色的田野、丰收的喜悦，也可以写萧瑟的秋风、秋雨和落叶，只要有景有情，都未尝不可。再譬如写一篇状物散文，有的同学写了姹紫嫣红的花朵，用花朵的艳丽，展示自己内心对生活的信心和愉悦。也有的同学写了浑浊的河流、枯萎的树木，表示了心中对人类居住环境的无限忧虑。只要借景抒情，有感而发，就是好文章。

江边一树垂垂发

东阁官梅动诗兴，还如何逊在扬州。
此时对雪遥相忆，送客逢春可自由？
幸不折来伤岁暮，若为看去乱乡愁。
江边一树垂垂发，朝夕催人自白头。

杜甫《和裴迪登蜀州东亭送客逢早梅相忆见寄》

诗人在这首诗中充分利用了早梅使人感伤的特点来立意。通篇不离梅，以至于让人们误以为这是一首咏梅诗。首联是对

裴迪所赠诗的赞美。“此时对雪遥相忆，送客逢春可自由?”作者对裴迪说：“这本来就是个感伤的季节，更何况你还是在送别的时候看见梅花呢？由此产生思念家乡、思念友人的情感是正常的啊!”“幸不折来伤岁暮，若为看去乱乡愁。”我现在已经满是离愁之苦了，幸好你没有折下那梅花送给我。否则，我怎么能承受住呢?“江边一树垂垂发，朝夕催人自白头。”我已满头白发了，每天看见那株梅花知道时光的飞逝了!

在中学生的作文中，立意主要是指对于文章主题的选择。立意的高低，是决定文章好坏的重要因素。中学生作文中的主题选择有两类：一类是命题作文中的主题，另一类是自拟主题。中学生在立意时，要通过观察、体验、分析、研究等，从生活中摄取素材。同时，运用自己的感受和理性认识，采取集中概括、筛选熔炼等方法表达出主题思想来。立意的基本要求是正确、新颖、鲜明、深刻，力求在文章中说明一个道理或反映一种现象和本质。

那么，如何立意呢?

首先，可以从不同的角度来立意。如反映社会的主流，批判丑陋现象，赞美高尚人格，探索新问题等。例如在魏巍《谁是最可爱的人》中，作者把立意放在表现中国人民志愿军崇高的道德品质上。

其次，也可以通过不同的方法来立意。如以小见大、由表及里、设置文眼等。例如在冰心的《小橘灯》中，作者描写了一个革命者的女儿为她用小橘灯照路的小事。可是由这件小事，却反映了一个大的社会背景、革命者的坚定信念以及他们的后代们对他们的支持。

五更鼓角声悲壮

岁暮阴阳催短景，天涯霜雪霁寒宵。
五更鼓角声悲壮，三峡星河影动摇。
野哭千家闻战伐，夷歌数处起渔樵。
卧龙跃马终黄土，人事音书漫寂寥。

杜甫《阁夜》

这首诗是杜甫七律中的代表作。诗中以描写四川军阀战争为题材，揭示了战争给人们带来的痛苦，表达出作者对战争的痛恨以及由此感怀往事，感叹人生的悲凉心情。

这首诗一个主要的特点就是围绕一个主题，从不同侧面来描写和展示。“岁暮阴阳催短景，天涯霜雪霁寒宵。”这是从环境方面来描写此时的境况。此时正值寒冬，昼短夜长，天气异常寒冷，霜雪飘飞，连年的战争让人不禁感叹人生的悲凉。“五更鼓角声悲壮，三峡星河影动摇。”这是从视听的角度来写战争又要开始了。在这样寒冷静寂的夜里，鼓角声又起，清晰而悲壮，这是战争的预示。此时的三峡仿佛受到这鼓声的干扰，星影飘摇。虽然景色如此的美丽，但人们已无暇欣赏这美景了。“野哭千家闻战伐，夷歌数处起渔樵。”从人们对战争的反应来看，当听到征战的鼓声时，千家万户的哭声也随之响起。因为战争就预示着妻离子散，家园被毁，无数的百姓流离失所，就预示着饥饿和死亡。“卧龙跃马终黄土，人事音书漫寂寥。”作者用历史典故来说明战争的后果。无论是诸葛亮还是公孙述，尽管有雄才伟略，但现在都成了黄土中的枯骨了。这里，流露出作者无限的感伤。

总的来说，这首诗分别从环境、作者的所见所闻、人们的反应以及历史史实等四个方面描写出连年的战争带来的危害以及诗人的感伤。

围绕一个中心从不同侧面展示的方法是值得重视的，因为这种方法往往可以开阔思路，使中心表达得更充分。不同侧面、不同角度的选取是在写作时的一个重要环节。例如，同是表达热爱祖国这个主题，可选的材料很多，但是如何选取才符合自己这篇文章的侧重点呢？而且，当材料选取之后，在构思文章的框架时，也要认真考虑如何安排才能使材料充分地发挥表达中心的作用。不同侧面之间是并列关系、递进关系、对比关系还是主次关系，中学生要在写作时恰当地安排。

溪水无情似有情

溪水无情似有情，入山三日得同行。

岭头便是分头处，惜别潺湲一夜声。

温庭筠《过分水岭》

这首诗是作者在过分水岭时的即兴之作。溪水在岭下蜿蜒流淌，作者在岭间的小路上迂回前行。入山已经三日了，这溪水一直与作者同行。此时，在作者眼里，无情的溪水也已有情了。可是，前边就是分水岭了，三日来一直陪伴的溪水就要与之告别了。这一夜，作者辗转反侧，耳中听到溪水潺湲声，好像是同自己叙谈惜别之情。

这是一首别致的写景诗。本来，溪水在岭下流淌是件平常的事，但是，作者却能从中发现诗，发现情。这些都与作者的观察是密不可分的。

在目前的中学生写作中，选材是大多数同学头疼的地方。那么，原因何在呢？这里，可以指出的是，缺乏观察是中学生在写作时无内容可写的一个重要原因。观察，是写作前的必要条件。一个不善于观察的人，是不会写出好的文章的。因为，写作来源于生活，并展现生活。善于观察的人才能善于展现生活。正如温庭筠一样，平平常常的溪水在他的眼里都变成了有情物。这不是作者的矫揉造作，而是作者在观察到人走溪走、人转溪转的特点后即兴而生的。我们试想，如果作者不是一个善于观察的人，那么，这些溪水也是平常的了，也就没有这首脍炙人口的小诗了。因此，中学生要培养自己的观察能力，要勇于观察，善于观察。只有这样，写作文时才能有内容可写。

线索与情节

KEWAI YUWEN
YINGYONG XILIE

终日望夫夫不归

终日望夫夫不归，化为孤石苦相思。

望来已是几千载，只似当时初望时。

刘禹锡《望夫山》

这首诗描写的是古时望夫女的传说。这个传说历来为人们所传诵，一个女子终日站在山上等待远行的丈夫归家，日久天长，竟变成一块人形巨石，人称“望夫石”。

这首诗中，一共用了三个“望”。第一个“望”，是女子终日望夫，从早到晚。第二个“望”，是望了几千载，第三个“望”，又回到初望。这三个“望”构成了全诗的线索。终日的盼望，几千载的期盼，到最后，还像初望一样，表现出女子的执着热情。

条理不清是中学生作文的一个常见问题，这主要是由于没有合理的线索来贯穿全文。线索是穿结作品全部材料、推进内容发展的重要因素。一般来说，按照不同的角度，线索可分为不同的种类。从内容上分，线索可以分为以人为线索、以物为线索、以中心事件为线索和以题眼为线索等；从在文章中的作用来分，可分为主线和副线两种；从在文章中的表现来分，可以分为明线和暗线等。以这首诗为例，“望”是贯穿全诗的明线，而执着的思念是全诗的暗线。这一明一暗，使全诗浑然一体，脉络清晰。

在中学教材中，采用两条线索的名篇也不在少数。例如，鲁迅的《药》这篇作品就有两条线索：一条是明线，以华老栓为儿子买人血馒头治病为线索；另一条是暗线，以革命者夏瑜为革命而就义为暗线。两条线索交相呼应，把复杂的思想内容清晰、有条理地表现出来。双线交错运用，体现出鲁迅先生深厚的文学功底。同学们在构思文章时，要抓住主要线索，避免结构的混乱。

野戍荒烟断

故乡杳无际，日暮且孤征。
川原迷旧国，道路入边城。
野戍荒烟断，深山古木平。
如何此时恨，噭噭夜猿鸣。

陈子昂《晚次乐乡县》

这首诗描写了作者在夜晚经过乐乡县的所见。诗中以写景为主，同时借景物来抒发诗人漂泊在外、孤苦伶仃的悲凉之感。

全诗从日落写起。“故乡杳无际，日暮且孤征。”远离故乡，在日落的时候，一个人孤独地行走。这两句将诗人孤寂的身影生动地描绘出来，我们仿佛看到一个步履蹒跚的瘦弱的身影在日暮下艰难地走着，影子是他唯一的伙伴。随着夜幕的降临，周围一片灰暗。眼前的山川对于诗人来说都是陌生的，而这陌生感又加重了作者的思乡之情。现在，沿着脚下的路，诗人走进了这个边远的小城。此时，夜已经完全黑了，城中的景物无法看清，好像黑暗中摸索前行的人一样，作者的眼前一片迷茫，心中一腔悲凉。这时深山中传来的一声声凄厉的猿鸣，更使人感到悲凉侵心透骨。这首诗以时间顺序为线索。首先描写了日落时的景物。然后，写暮色渐浓的景色。最后，是夜色降临后的描写。

以时间为线索来进行描写的现代文范文也不少，碧野的《天山景物记》是典型一例。作者以时间为线索来描写“迷人的夏季牧场”的景色：

…………

无边的草原是这样平展，就像风平浪静的海洋。在太阳下，那点点水泡似的蒙古包，闪烁着白光。

…………

每当一片乌云飞来，云脚总是扫着草原，洒下阵雨，牧群在雨云中出没，加浓了云意，很难分辨出哪是云头哪是牧群。而当阵雨过后，雨洗后的草原更加清新碧绿，像块巨大的蓝宝石；那缀满草尖上的水珠，却又像数不清的金刚钻。

特别诱人的是牧场的黄昏，落日映红周围的雪峰，像云霞那么灿烂。……当落日沉没，周围雪峰的红光逐渐消褪，银灰色的暮霭笼罩着草原的时候，你就会看见无数点的红火光，那是牧民们在烧起铜壶准备晚餐。

在这里，作者以时间为线索，描写了从白天到黄昏到晚上的草原风情。不仅如此，作者还在其间穿插了晴天和雨天的不同景色。这样一来，整个天山的草原就在作者笔下全面地、逼真地描绘出来，给读者一种身临其境的感觉。

中学生写作文，常可以用到以时间为线索来描写事物的写法。它的好处主要有两个：一是使文章结构清晰，次第有序；二是有助于读者把握文章的脉络，提高阅读的质量。

平明寻白羽

林暗草惊风，将军夜引弓。
平明寻白羽，没在石棱中。

卢纶《塞下曲六首（其二）》

春秋时，楚国的养游基善射，能在一百步以外射中杨柳的任何一片叶子。于是便有了“百步穿杨”的成语，以此来形容箭法或枪法准的人。那么，让我们看看卢纶《塞下曲》中所描述的汉代飞将李广的箭法如何。

诗歌开篇即从将军夜猎的情景写起，昏暗的林中，突然强风劲起，草木纷披。原来是将军夜猎，走马射箭带来的强风，只见将军拉弓搭箭，稳稳地射了出去。等到第二天的清晨，去搜寻猎物却发现那支箭竟然深深地没入了石棱之中。

以平明寻箭，箭没入石棱的生动具体描写，让将军夜猎的威武情景跃然纸上。最妙的是这样的结尾颇让人有一惊三叹之感。“平明寻白羽”是读者预料之中的事情，可是，“没在石棱中”则是极富戏剧性的转折。让我们对将军的神力英武赞叹不已。

许多作家都很善于设置故事情节，让故事的发展有跌宕起伏之感，以激发读者的兴趣。如美国作家欧·亨利的《警察与赞美诗》中的故事情节就极富变化，小说中的小偷为躲避冬天和饥饿，千方百计地想让警察把他抓进监狱。他故意去砸橱窗的玻璃，吃大餐不付钱，调戏街上的女郎……可偏偏事与愿违。而当他听到赞美诗决定改过自新时，警察却以莫须有的罪名逮捕了他。

我们再来看一位小作者在命题作文“续写莫泊桑小说《项链》”的习作中，设计了这样一个的情节：

> 佛来思节夫人把那串价值不菲的项链又送还给了玛蒂尔德。当夜幕降临的时候，玛蒂尔德坐在灯下，小心翼翼地擦拭着这串项链，手在微微地颤抖着，泪水不知不觉地盈满了眼眶。玛蒂尔德自言自语地念叨着：“项链……命运……”过了好久，她站起身来把项链放在盒子里，放到柜子的最底层，然后走到窗前，轻轻地叹了口气，一直紧锁的眉头也舒展了。

这一情节的设计既在意料之外，又在情理之中，让读者感叹命运无常的同时，也对主人公多了一份理解和尊重。我们在写作文时，应多动脑筋，在不违背主题和情理的前提下，多多在故事情节上下功夫。

长笛一声人倚楼

云物凄清拂曙流，汉家宫阙动高秋。
残星几点雁横塞，长笛一声人倚楼。
紫艳半开篱菊静，红衣落尽渚莲愁。
鲈鱼正美不归去，空戴南冠学楚囚。

赵嘏《长安秋望》

这是一篇描写长安之秋的小诗。作者按照观察的顺序安排全篇：开头，点明描写的对象，“汉家宫阙”指的就是长安，“高秋”说明是秋天的景色。从颔联起，作者按照由高到低、由远到近的顺序描绘长安秋天的美景。残星、大雁、高楼、篱笆、莲子、鲈鱼等，这些景物按照由高到低的顺序出场，使得全诗如同一幅有层次感的立体画，把古都长安的美景呈现出来。

这首诗最大的特点就是按照观察的顺序，由高到低、由远及近地描写。这种方法的运用有助于文章结构的清晰和层次的分明。在中学生的作文练习中，特别是景物描写的时候，这种按照观察的顺序来写景的方法是值得学习的。对于刚开始练习写作的同学，这种方法更值得重视。因为它可以使复杂的景物简单化，可以帮助同学理清思路，从而把握主次。

例如，下面是一名高一学生的一篇习作片段，其中较好地运用了按照观察的顺序，由高到低、由远及近的写景方法：

> 夕阳西下，我伫立在高楼上，极目远眺。
>
> 一束沉落的日光，恋恋不舍地留在山口，余晖映在浮云上，黄的，红的，紫的……给晶莹而苍茫的天空涂上一层热烈的暖意。晚霞漫空倾泻下来，橘红的一片……晚霞在浮云里映出火红的光点，浮云便仿佛凝滞不动了。……
>
> 远处是连绵起伏的山，峰峦如聚，在夕阳中现着重重叠叠的影，环着近处的树林流水，像是一位健壮而温情的保姆，看护着摇篮中的婴儿。近处，是一望无际的稻田，金黄的稻穗连成一片，随风起伏，犹如海浪一般。稻田对面高高低低，密密麻麻都是树，杨柳最多……
>
> 连绵的山，凝滞的云，金色的稻田，多姿的杨柳，是那么和谐地组合在一起。美得像一幅如诗似歌的画，香得如一杯清醇醉人的酒，连我也恨不得融进这醇醇的世界里了……（凌昱《高楼远眺》）

在这个片段练习中，作者充分地运用了观察的顺序来描写景物，使得整个景物富有立体感、层次感，符合人们的欣赏习惯，因此取得了很好的表达效果。

清风明月苦相思

清风明月苦相思，荡子从戎十载余。
征人去日殷勤嘱，归雁来时数附书。

王维《伊州歌》

这是一首表达女子思念远征的丈夫的抒情诗。在这首诗中，作者采用了倒叙的方法来结构全诗。首先出现的画面是分别十多年后的场景。此时的女子想必已经习惯了孤苦了吧，然而，在这清风明月的夜晚，看到万家灯火，还是感慨万千，不由得又思念起远方的丈夫。十多年的时间太漫长了。现在，女子心中记忆最深的就是那场令她魂牵梦萦的送别了。自己的叮嘱声仍在耳边回响，丈夫满含深情的容貌也不时地呈现在眼前。作者独具匠心的安排为这首诗增色不少。倒叙的方法符合读者的阅读心理，增强了亲切感。

倒叙是指将事件的结果或发展过程中的某一个环节提前叙述，然后再用顺叙的方式从头叙述事件的整个过程。简单地说就是先写结局，然后按时间顺序写起因、经过。这种方法的好处在于增强文章的生动性，通常能造成悬念，引起读者的兴趣，使得整个故事曲折感人。在中学生的记叙文中，如果记叙的事件本身并无多大的趣味，那么，同学们可以利用这种倒叙的方法来加强悬念感，引起读者的兴趣。

以鲁迅的小说《祝福》为例，我们来看看现代文中是如何运用倒叙写法的。作者先是描写了祥林嫂的死，然后再追溯她一生的悲惨遭遇。开头引起读者的阅读兴趣，使读者急于知道祥林嫂的死因。然后，逐层地展开，一点点地将发生在祥林嫂身上的不幸娓娓道来，凄凄切切，从而增强了文章的表现力。

借问酒家何处有

清明时节雨纷纷，路上行人欲断魂。
借问酒家何处有，牧童遥指杏花村。

杜牧《清明》

写作的顺序大体上有四种，即顺叙、倒叙、插叙和补叙。在没有经过特别提醒或训练的情况下，我们通常会采用顺叙的写法。杜牧的这首《清明》可以给同学们提供一些借鉴。

这首诗以清明为对象，描写了清明时节的情景。作者在描写时，并没有刻意地去安排顺序和情景，而是自然顺叙，一气呵成。诗的开头，描写了清明时节独特的景致。纷纷的小雨使得路上的行人感到一阵冰凉，“欲断魂”三字把行人们由于赶路不能与家人团圆，并且又遇到了这一场寒雨的悲凉心情生动地表现了出来。身上的衣服湿了，心情也不好，如果能找到一个酒家就好了。一方面可以填饱肚子，喝点酒驱驱寒气。另一方面，也可以慰藉离家在外的孤独心情。那么，问路就是水到渠成了。“借问酒家何处有，牧童遥指杏花村。”字字精妙，把一幅牧童骑在牛背上，回头指向远方酒旗飘飘的杏花村的画面绘形绘色地表现出来。

顺叙就是按照事件发生、发展的先后顺序进行叙述，文章的层次跟事件发展的过程基本一致。也就是说，在写作时，要按照一定的顺序，或空间，或时间，或逻辑等来组织，这样可使文章条理清晰，结构分明，使读者一目了然。

在中学生的写作中，顺叙是最基本的叙述方法。通常顺叙包括下面几种：

1. 按照事件发展的顺序。在中学生练习写记叙文时，以事件发展的先后顺序来记叙是最常见的。也就是按照事件的起因、经过、发展、高潮和结局的顺序来构成全篇。中学生学过的许多名篇都是采用这样的记叙方法。如巴尔扎克《守财奴》、茅盾《子夜》、孙犁《荷花淀》等。

2. 按照作者的思绪变化。例如在马烽《我的第一个上级》中，作者按照主人公对田副局长的认识来组织全篇。先是认为田副局长是个怪人，然后认为他是个麻木的人。可是在经过一些事情以后，他发现田副局长是个办事果断利索的人。最后通过他的言行，主人公把他看成是一个非常值得尊重的人。

3. 按照时空的变化来结构全篇。这种方法在中学生的作文中也是比较常见的。它的特点是使中学生在写作中，容易把握众多的内容，从而使结构清晰。

清江一曲柳千条

清江一曲柳千条，二十年前旧板桥。
曾与美人桥上别，恨无消息到今朝。

刘禹锡《柳枝词》

这首诗采用倒叙的方法成篇。“清江一曲柳千条”，这是借眼前的景物引出别情。“清江”“柳枝”这些都是暗含感伤的景物。诗人开篇描写这两种景物，为后文的追忆渲染了气氛，也为全诗的别情定下了悲凉的基调。“二十年前旧板桥”，这是由眼前的景物开始追忆在这旧板桥上的离别情景，时间仿佛回到了二十年前。“旧板桥”，由物的陈旧来写岁月的流逝，离别已久。“曾与美人桥上别”，这是进一步回忆那段离别的情景。在这个桥上，诗人曾与美人惜别，其情真，其意切。“恨无消息到今朝”，回忆是痛苦的，当诗人从回忆中清醒过来的时候，他把心中的愤恨都发泄出来。二十年的离别，到现在一点消息也没有，怎能不让人忧伤呢？

对于初学写作的中学生来说，应该适当地尝试顺叙以外的其他的写作方法，这样可以增加写作知识的积累和拓展写作思路。这首诗按照由今到昔，由昔到今的顺序组织全文，实际上是运用倒叙的方法。通过这首诗，我们可以体会到：倒叙方法的好处就在于婉曲回环，使文章含蓄动人。时间的倒转又在一定程度上引发人的记忆和思考。

半朽临风树

半朽临风树，多情立马人。

开元一枝柳，长庆二年春。

白居易《勤政楼西老柳》

这是一首寓情于物的小诗，是白居易在看到勤政楼西的老柳树时的所感。“半朽临风树，多情立马人。”诗的开头作者即入情。立马驻足在这棵老树前，诗人不禁由树联想到自己。这棵树是前朝的人种下的，到现在已是百年的树龄了。面对这棵半朽的柳树，作者想到自己也是年过半百之人了。于是，他感叹岁月流逝的无情，沧桑变幻的冷酷。这时的诗人和老柳树仿佛融为一体。人和物、景和情在这里交融了。“开元一枝柳，长庆二年春”是对前两句的补充说明。“开元”是这棵老柳树种下的时间，“长庆”是现在的时间，用这两个时间词语既补充了树的年龄，又把这百年的历史变迁和物是人非的变换表现出来。

这首诗在记叙上采用的是补叙的方法，补叙是记叙的方法之一，它的作用是补充说明与事件有关的内容，从而使故事情节完整，来龙去脉清晰明确。补叙多是文章的前边先略去某个部分，然后在后面补充出来。一般来说，补叙可以从以下三个方面来考虑：

1. 补叙采用的表达方法，有的是作者直接说出来的，有的是借助文章中其他的人的语言从侧面来补充。

2. 补叙的内容与和它相关的内容在位置上的安排，有的紧接着内容，有的则故意隔开一段。

3. 作者在写作时为了造成悬念，引起读者阅读兴趣而故意省略前边的部分内容，到结尾时才揭示出来。或者是由于在写作的过程中，不得已要把内容所涉及的背景和相关内容补充出来。

例如，在夏衍的报告文学《包身工》中，这样描写一个女包身工："芦柴棒着急地要将大锅子里稀饭烧滚，但是倒冒出来的青烟引起了她一阵猛烈的咳嗽。她十五六岁，除了老板之外，大概很少有人知道她的姓名。手脚瘦得像芦柴棒一样，于是大家就拿'芦柴棒'当了她的名字。"这里关于芦柴棒的名字由来就是补叙的写法。

参考文献

[1] 萧涤非. 唐诗鉴赏辞典 [M]. 上海：上海辞书出版社，1986.

[2] 黄伯荣，廖序东. 现代汉语（增订二版下册）[M]. 北京：高等教育出版社，1997.

[3] 刘世剑，金振帮. 作文法大辞典 [M]. 长春：吉林人民出版社，1992.

[4] 刘锡庆，李宝初. 写作技法辞典 [M]. 北京：商务印书馆，1996.

[5] 朱明雄. 文学写作手册 [M]. 南京：江苏少年儿童出版社，1984.

[6] 沈谦. 语言修辞艺术 [M]. 北京：中国友谊出版公司，1998.

[7] 郑振清，郑振义. 中学语文修辞详解辞典 [M]. 北京：国际文化出版公司，1997.

[8] 郭宝清. 中学生作文论据分类大全 [M]. 呼和浩特：远方出版社，2000.